KASPAR · GEHEILIGTE ZEICHEN

PETER PAUL KASPAR

Geheiligte Zeichen

Elemente des christlichen Gottesdienstes

Herder
Wien · Freiburg · Basel

Der Pfarrgemeinde St. Theresia
in Linz-Keferfeld
gewidmet

Umschlaggestaltung: Erich Baumann
Satz und Druck: Carl Ueberreuter Druckerei
Ges. m. b. H., 2100 Korneuburg
Bestellnummer: ISBN 3-210-24.841-9

Inhalt

Was Zeichen zeigen

Unsere Welt ist erfüllt von vielerlei Zeichen. Einen Baum kann ich nach seinem Nutzwert betrachten, ob er mir Früchte oder Holz liefert, ob er mir Schatten spendet. Ich kann in ihm aber auch das Leben wachsen und sich ausbreiten sehen – dann wird er mir zum Zeichen. Denn ein „Zeichen" will auf etwas „zeigen". Erst meine Art zu sehen und zu denken macht den Gegenstand zum Zeichen.

Wenn Zeichen mit dem, was sie bedeuten, zu einer inneren Einheit verbunden sind, sprechen wir von Symbolen. Wir erkennen sie auch ohne Erklären, ohne Hinweis auf ihre Herkunft: Symbole braucht man nicht zu „wissen", wenn man sie „erfühlen" kann. Blumen, die man schenkt, brauchen keinen Kommentar. Eine Umarmung erklärt sich selbst.

Unser Umgang mit Gott braucht Zeichen und Symbole. Die Sprache kann ja das Unsagbare nicht recht sagen, vom Unaussprechlichen bestenfalls in stotternden Versuchen sprechen. Wo das Reden versagt, kommen die Zeichen zu Wort. Oft bleibt uns in der Sprachlosigkeit nur noch das Zeigen. Deshalb brauchen die Zeichen oft unser Schweigen, um erkannt zu werden. Statt bloß zu sehen, müssen wir „schauen“ lernen, statt bloß zu hören, „horchen“. In der Stille wächst die Fähigkeit zu begreifen, was Zeichen zeigen.

Die folgenden Abschnitte über heilige Zeichen und Symbole wollen daher nicht so sehr erklären und die Geschichte der kirchlichen Bräuche darlegen, sondern zum Tun, zum Schauen und zum Horchen anleiten. Denn Zeichen erschließen sich nicht dem Verstand, sondern dem Herzen.

Dieses Buch will die wichtigsten gottesdienstlichen Zeichen und Symbole darstellen. Es gliedert sie in folgende Bereiche: Zeiten, Orte, Personen, Haltungen, Handlungen, Sprache, Gegenstände, Symbole.

In seinem kostbaren Büchlein „Von heiligen Zeichen“ schrieb Romano Guardini vor über 50 Jahren: „Der Weg zu liturgischem Leben geht nicht durch bloße Belehrung, sondern vor allem durch das Tun. Schauen und Tun sind die Grundkräfte, in die alles übrige eingesenkt werden muß.“

Geheiligte Zeiten

Unser Leben „in Zeit und Raum“ erfüllt sich – wie in einem Ordnungsraster – in Zeiträumen und an verschiedenen Orten. Für den gläubigen Menschen ist beides von religiöser Bedeutung. Deshalb gibt es für ihn geheiligte Zeiten und geheiligte Orte.

Schon unser Leben verläuft in mehreren Phasen: Kindheit, Jugendalter, die Zeit des jungen Erwachsenen, die Reifezeit, das Alter. Außerdem können einschneidende Erfahrungen bestimmten Lebensabschnitten ein besonderes Gepräge geben: die Eheschließung, die Berufswahl, die Erfahrung besonders schwerer Schuld, eine gefährliche Krankheit. Wenn ein gläubiger Mensch diese Phasen und besonderen Einschnitte seines Lebens unter das Wirken Gottes stellt, dann findet er in Überlieferung und Brauchtum der Kirche feierliche Handlungen, „heilige Zeichen“ vor. Die Zeichen (Sakramente und sakramentale Handlungen) „zeigen“ auf Gott: Er will in dieser Lebenssituation, in dieser entscheidenden Stunde „wirksam“ sein.

In einer zweiten Weise wirkt die Zeit in jenem Ablauf der Natur, deren Teil auch wir sind: Der Jahreszyklus bringt immer wieder das Vergehen und Werden, das Sterben und

Auferstehen der Natur. Der Lebenslauf von der Geburt bis zum Tod findet sich sozusagen verkleinert im Jahresablauf vom Frühling bis zum Winter. Sensible Menschen spüren das: Der Herbst (mit Allerseelen) erinnert sie an die Vergänglichkeit, der Frühling erweckt in ihnen neue Lebens- und Liebessehnsucht.

In noch kleinerer Weise zeigt sich ein immer wiederkehrender Rhythmus im Ablauf der Woche, im Wechsel von Tagwerk und Feierabend. Noch mehr verkleinert bliebe zuletzt der vitale Takt des Herzschlags und des Atmens. Alle diese Rhythmen haben eines gemeinsam: den Wechsel von Spannung und Entspannung. Das Werken und Feiern, das Schaffen und Ruhen, das Wachen und Schlafen, Kampf und Kontemplation, Engagement und Innerlichkeit, Politik und Mystik – das alles sind zwei Seiten desselben Tuns wie Ein- und Ausatmen.

Für einen Christen ist das alles – vom ersten Einatmen bis zum letzten Ausatmen – nur eingebettet in den großen Ablauf der Zeit Gottes. „Zeit unseres Lebens“ sind wir geheiligt in seiner Liebe.

Alljährliche Zeitenwende

Kirchenjahr

Die Christen wissen, warum sie ihre Zeitrechnung mit Jesu Geburt beginnen lassen: Mit ihm hat eine neue Zeit begonnen. „Als die Zeit erfüllt war, sandte Gott seinen Sohn" (Gal 4, 4). Das war die Zeitwende der Geschichte. Und so feiern die Gläubigen Jahr für Jahr diese Wende wie in einem kultischen Spiel über das Jahr verteilt.

So wird in jedem Jahr aufs neue die Geburt Jesu zuerst erwartet und dann gefeiert, wird an sein Fasten, sein Leiden und Sterben erinnert, wird seine Auferweckung zum Höhepunkt des Jahres, und klingt das Jahr mit der Erinnerung an Himmelfahrt und Pfingsten aus und endet schließlich mit dem Gedenken der Toten und Heiligen und dem Christkönigsfest.

Wozu jedes Jahr das gleiche? – könnte man fragen. Wird das nicht langweilig, braucht sich das nicht ab? Dem oberflächlichen Meßbesucher mag das vielleicht so ergehen. Wer sich jedoch stärker auf die Zeichen und Texte der Liturgie einläßt, wird den Sinn solch vertiefender Wiederholungen entdekken. Das Leben Jesu wird in eigenartiger Verschränkung mit dem Jahreskreis der Natur erzählt. In der Finsternis und Kälte des Winters „geht uns ein Licht auf": Jesus, das Licht für die Welt. Die wiedererwachende Natur des Frühlings weist wie ein Gleichnis auf die Wiedererweckung des ermordeten Jesus zu Ostern hin. Und in der strahlenden Natur feiern wir die junge Kirche zu Pfingsten.

Obwohl diese „Verkündigung im Jahreszyklus" in ihrer vollen Dichte nur wenige wache und nachdenkliche Christen erreichen mag (und in anderen Erdteilen und Klimazonen nicht so passend sein dürfte), kann sich doch keiner dieser Botschaft völlig entziehen: Sogar der Nichtchrist, der nie ein Gotteshaus betritt, der nicht einmal eine religiöse Rundfunksendung hört, kommt am Kalender nicht vorbei. Und der verkündet ihm, wenngleich oftmals unbemerkt und gelegentlich zum Ärgernis, Geburt, Tod und Auferstehung Jesu. Das läßt es vielleicht auch mehr schätzen, wenn manche Christen die Kirche wenigstens „zu allen heiligen Zeiten" aufsuchen.

Woche

Unser Leben ist von vielerlei Rhythmen durchzogen. Das reicht von den großen Lebenszyklen (Kindheit, Jugend, Erwachsensein, Reifezeit und Alter) bis zum Ein- und Ausatmen und zum Herzschlag. Einige dieser Rhythmen sind in uns selbst, im Ablauf der Körperfunktionen, begründet. Andere leiten sich vom Ablauf der Natur her: das Jahr, die Jahreszeiten und der Tag. In der Woche, aber auch im Tag verschränken sich beide Einflüsse. Der Einteilung des Kalenders entspricht auch unser Bedürfnis, Arbeit und Ruhe abzuwechseln.

Der ursprüngliche Gegensatz zum Arbeiten war das „Feiern": Am Feierabend konnte man die Hände in den Schoß legen, der Feiertag war ein arbeitsfreier Tag. Und der Sonntag war der regelmäßige Feiertag. Daß man an solchen Tagen gern Feste feierte, führte zur heutigen Bedeutung von „Feiern": einen besonderen Anlaß begehen. (Die Totenfeier erinnert uns daran, daß das nicht immer frohe Anlässe sein mußten.)

Beides fällt vielen Menschen heute schwerer: die sinnvolle Arbeitsruhe und das Erleben von Festen. Beides organisieren wir oft nach der Weise, wie wir Arbeit organisieren. Und so regiert vielfacher Streß an Sonn- und

Urlaubstagen, so werden auch oft gutgemeinte Feste zu Konsumorgien. Viele haben verlernt, im Rhythmus von Arbeit und Ruhe, von Alltag und Festen, von Anspannung und Entspannung zu leben. Wir sind aus dem Rhythmus, „aus dem Takt gekommen". Und in dieser Taktlosigkeit bemessen wir unsere Feste und Feiertage am ökonomischen Nutzen. Wäre das tatsächlich der Sinn der Sonn- und Feiertage, dann könnte man sie freilich beliebig verschieben, an den Urlaub anhängen oder ganz weglassen.

In Wirklichkeit ist jedoch unser Lebensrhythmus lebensnotwendig. Die christliche „Sonntagskultur" meint genau das, wenn sie einlädt, sich auf sich selbst und seinen Lebenssinn, auf die Verbindung mit Gott und mit der Gemeinde zu besinnen. Es ist ein alter Irrtum zu meinen, daß wir das nur Gott schuldig wären. Wir sind es auch uns selbst schuldig. Und insofern Gott, als er unser Bestes will. Gott will nicht, daß wir aus dem Rhythmus fallen und an der Taktlosigkeit entfremdender Lebensumstände zerbrechen.

Sonntag

Die alte jüdische Wochenordnung wurde bei den Christen auf den Kopf gestellt. In Erinnerung an das Schöpfungswerk, in dem Gott am siebenten Tag ruhte, beschloß der Sabbat die Woche der Juden. In Erinnerung an den Ostertag, an dem Jesu Auferweckung eine neue Schöpfung bewirkt, beginnen die Christen ihre Woche mit dem Sonntag. So ist jeder Sonntag ein kleines Osterfest.

Obwohl es nur wenige Menschen bedenken, steckt in dieser Umkehrung der Zeitordnung auch eine Umdeutung des arbeitsfreien, des Feiertags. Der Sonntag ist nämlich kein „Wochenende", wie es der Sabbat war, kein Ruhetag „nach", sondern einer „vor" der Arbeitswoche. So steht nicht die rückwärtsgerichtete Ermüdung, sondern das vorwärtsgewandte Kräftesammeln im Mittelpunkt. Im allwöchentlichen Trott der Arbeitswochen mag das für viele das gleiche sein. Für den bewußten Christen wird klar: Ich lebe auf die Zukunft ausgerichtet, der Sonntag kräftigt mich mit neuer Hoffnung.

Das ursprüngliche Sabbat- und Sonntagsgebot meinte nicht den Besuch des Gottesdienstes, sondern die schöpferische Arbeitsruhe. Das wollen und können viele Menschen in ihrer Verrichtungswut nicht mehr begreifen. Und so „planen“ sie den Meßbesuch in ihre gestreßte Sonntagshektik ein – und verfehlen so den Sinn des Tages. Denn der ganze Tag sollte den Menschen – gemeinsam mit der Gemeinde und gemeinsam mit Gott – zu sich selbst führen. Nur wenn es uns gelingt, an diesem Tag der Entfremdung des Alltags die Selbstfindung entgegenzusetzen, kann der Sonntag zum neuen Schöpfungstag, zum allwöchentlichen Osterfest werden. Wenn der Sonntagsgottesdienst den einzelnen Christen mit seiner Gemeinde und mit Gott zusammenführt, dann ist „der Tag des Herrn geheiligt“. Das kann man mit keinem Pflichtbesuch und schon gar nicht mit einer gleitenden Arbeitswoche oder einer irgendwann nachgeholten Messe „erledigen“.

Wie der erste Ostersonntag, so ist auch jeder Sonntag ein Tag der Verwandlung: Wenn wir an diesem Tag unter der wärmenden und lebenspendenden Sonne Gottes erstarken, erfüllt sich sein Name.

Für viele naturverbundene Menschen ist der Frühling jedes Jahr wieder ein kleines Schöpfungserlebnis. Nach einem todesähnlichen Schlaf erwacht die Natur zu neuem Leben. Ähnliches gilt für den Morgen: Nach einem – hoffentlich – kräftigenden Schlaf erwacht der Tag, und mit ihm der Mensch, zu neuem Leben. Schade, daß für viele Menschen der Morgen genau das Gegenteil zu sagen scheint, wenn sie mißmutig einem neuen Tag entgegengehen.

Schon von den frühen Christen wird berichtet, sie hätten sich beim Morgengrauen versammelt, um mit Gebet und Lob den neuen Tag, und Gott als dessen Schöpfer, zu begrüßen. Als Morgenlob (Laudes) lebt dieser Brauch vor allem in den Ordensgemeinschaften weiter. Das verschlafene, wenn nicht vergessene, Morgengebet vieler Christen könnte Ähnliches meinen.

Der Morgen ist aber keineswegs der selbstverständliche Zeitpunkt für die Meßfeier. Zum „Abendmahl“ und weil das gemeinsame Mahl am ehesten am Abend möglich war, empfahl sich ursprünglich der zu Ende gehende Tag. Andrerseits verstand sich die Eucharistie als Auferstehungsfeier und als Heiligung eines Neubeginns: am ersten Tag der

Woche, am Tag der Auferstehung, am Sonntag. Und ähnlich zur frühen Stunde des Tages, zur Stunde der Auferstehung, zur Zeit der kleinen Schöpfung.

Heute, wo beides möglich ist, die Morgen- und die Abendmesse, kann man eine zeitliche und gedankliche Nähe spüren: die Nähe der Morgenmesse zur Auferstehungsfeier – und die Nähe der Abendmesse zum letzten Abendmahl.

Der kürzeste Morgenwunsch ist ein zum gedankenlosen Stoßseufzer verkommenes Gebet. Wenigstens dieses sollte sich ein Christ in der vielleicht auch unvermeidlichen Morgenhektik ernsthaft vorsagen: in Gottes Namen.

Abend

Wie der Schlaf ein Bruder des Todes genannt wird, so ist auch der Abend wenigstens ein kleiner Abschied. Ein Abschied vom Tagwerk, von den Menschen um mich, von den Sorgen und Freuden der letzten Stunden. In den Schlaf hinein ziehe ich mich von der Welt für wenige Stunden zurück. Der letzte Schlaf wird mein letzter Abschied sein.

Ein Abschied und eine Wiederkehr stehen im Mittelpunkt der christlichen Botschaft: Jesu Tod und Auferweckung. Sein Abschiedsmahl wurde zu einem eindrucksvollen Erinnerungsritual, unzählige Male gefeiert von den Christen aller Konfessionen, in allen möglichen Formen: vom prunkvollen Hochamt bis zur bescheidenen Hausmesse in einer Wohnung, von der Papstmesse mit Hunderttausenden auf einem Flugplatz bis zur geheimen, weil verbotenen Feier in Gefängnissen und Konzentrationslagern. Die Bezeichnung für einen selbstverständlichen und täglichen Hausbrauch wurde zum heiligen Wort: Abendmahl.

Für einen bewußt lebenden Menschen ist der Abend auch ein täglicher „Feierabend“ – im ursprünglichen Sinn des Wortes „feiern“. Die Betriebsamkeit des Tages klingt ab, Ruhe und Besinnlichkeit kommen auf, man hat

Zeit für Dinge, die man tagsüber gern getan hätte und nicht konnte: für Musik oder Lektüre, für ein gutes Gespräch, für ein zärtliches Beisammensein, für einen Besuch, ein geselliges Treffen oder einen gepflegten Abend auswärts. Wem solche Abende gelingen, dem werden diese Stunden wie ein gelungener Sonntag zu einer Atempause, zu einer Insel der Begegnung und der Selbstfindung. Und wahrscheinlich brauchen wir diese wahren Feierabende und Feiertage, um ganz Mensch sein zu können.

Ein Christ wird in der Stunde des kleinen Abschieds die Gemeinschaft mit Gott suchen. Manchmal vielleicht bei einem Abendgottesdienst (Vesper, Komplet), normalerweise mit einem Abendgebet, wenigstens aber mit einem (nicht bloß gedankenlosen): Gott sei Dank!

Nacht

Die Nacht ist gar keine richtige Zeit, könnte mancher meinen. Ein anständiger Mensch habe in der Nacht zu schlafen, da findet doch nichts statt. Und dennoch ist die Nacht für den Tag so wichtig wie für die Sprache das Schweigen.

Sehen wir einmal davon ab, daß man natürlich auch die Nacht zum Tag machen kann. Fürs erste ist die Nacht die Zeit der Dunkelheit, des Schlafens und des Schweigens. (In unseren Städten ist davon wenig zu merken.) Alles, was den Tag kennzeichnet, fehlt: Licht, Leben, Tätigkeit, Lärm. Dem langen Schlaf der Natur im Winter entspricht der kurze Schlaf der Nacht. Doch der nächtliche Scheintod währt nur wenige Stunden. Und der scheinbare Tod verbirgt viel stilles Leben: das Kräftesammeln von Mensch und Natur, die unbewußte Seelenarbeit der Träume, den Rückzug in den heilenden Schlaf, die Umarmung der Liebenden.

In Verbindung mit Nacht, Dunkelheit und Schweigen denken wir auch an die Kranken und Sterbenden, die Trauernden und Schlaflosen, die Opfer von Verbrechen und Unfällen. Die Nacht ist auch die Zeit der Geheimnisse, der Sehnsüchte, der Lebensgier und des Todes. In manchen Texten des nächtlichen

Chorgebets der Mönche ist davon die Rede.

Die großen Feste der Christenheit wurden in alten Zeiten schon am Vorabend begonnen und hatten ihre Höhepunkte in der Nacht. In zwei Fällen hat sich das bis heute erhalten: Weihnachten und Ostern. In beiden Feiern spielt die Nacht eine Hauptrolle. In der kalten Christnacht geht Jesus die „Sonne der Gerechtigkeit“ auf. Sein Geburtsfest feiert mit der Wintersonnenwende zugleich die Zeitenwende.

Die reichste der jährlich wiederkehrenden Liturgien ist die Feier der Osternacht. Feuer, Licht und Wasser sind die Zeichen, die den Gläubigen zeigen, daß inmitten von Nacht, Tod und Schweigen sich Licht, Leben und Jubel ankündigen: Tod, wo ist dein Stachel? Hölle, wo ist dein Sieg? Dies ist die Nacht, die der Herr zum Tag gemacht hat.

Geheiligte Orte

Anders als andere Religionen kennt das Christentum keinen ausschließlichen „Heiligen Ort", außerhalb dessen man nicht beten und Gottesdienst feiern könne: Gottes Haus ist die ganze Schöpfung. Der Brauch, bei besonderen Anlässen unter freiem Himmel Gott zu loben, weist darauf hin. Auch die junge Kirche wußte das schon, wenn sie etwa 200 Jahre lang ohne Kirchenbauten auskam und in Wohnungen und Gaststuben Eucharistie feierte: Wo Christen zusammenkommen und feiern, dort ist ein heiliger Ort. Nicht der Ort heiligt die Menschen (das wäre Magie), sondern umgekehrt.

Die ersten „Kirchen" in den Wohnungen der frühen Kirche verweisen auf die kleinste kirchliche Gemeinschaft: die Familie, die Hauskirche. Deshalb ist auch die Hausmesse jene Form, die dem frühchristlichen Brauch am nächsten kommt. Wenn die Feier der Messe mit gemeinsamen Essen und Trinken verbunden wird, wird die Nähe zum letzten Abendmahl noch deutlicher spürbar.

Daß man dennoch die Kirche als Ort der Gemeinde und Haus Gottes versteht, hat seine Richtigkeit. Die Gemeinde braucht einen Ort zur Versammlung. Die kleinen

„Hausgemeinden“ christlicher Familien bilden ja erst als größere Gemeinschaft die eigentliche Kirche, in der das Wort Gottes verkündet und Eucharistie gefeiert wird. Der „Hausvater“ dieser größeren Pfarrfamilie ist der Seelsorger. Und auf Reisen findet man sich als Christ auch bald in einem fremden Gotteshaus „daheim“.

Innerhalb des Gotteshauses als geheiligtem Ort gibt es besondere Plätze, durch besonderes Geschehen geheiligt: den Tisch des Brotes (Altar), den Tisch des Wortes (Ambo und Kanzel), aber auch den Ort der Aufbewahrung des eucharistischen Brotes (Tabernakel), der Taufe und der Buße (Taufbecken, Beicht- oder Aussprachezimmer). Doch auch der Ort des Musizierens (Musik- und Orgelchor) oder des stillen Betens (etwa in einer Kapelle oder vor einem Bild) geben der Kirche ihr Gepräge.

Genaugenommen sind alle diese Orte nur Stationen, Raststätten auf dem Weg zu unserem gemeinsamen Ziel. Der eigentliche Ort unseres Lebens ist der Weg (die Wallfahrt, die Prozession). Dieser Weg weist dorthin, wo unsere letzte Heimat ist.

Haus Gottes und der Gemeinde

Kirche

Es gibt zwei Weisen, die Kirche als Haus des Gottesdienstes zu verstehen. Wenn man damit das Haus Gottes, den Tempel, den heiligen Ort meint, dann ist man versucht, alles „Gewöhnliche", dem Alltag und dem Mitmenschlichen Entsprechende zu verbieten. Dann gibt es in der Kirche kein freundliches Begrüßen, kein Gespräch, keinen Humor, ja nicht einmal einen Friedensgruß. Nur Stille und Andacht sind zugelassen.

Versteht man hingegen die Kirche als Haus der Gemeinde, als Versammlungsort, dann sind die mitmenschlichen Vorgänge sehr wichtig. Alles, was Menschen bewegt, alles für Christen Bedeutsame darf, ja soll sogar zur Sprache kommen.

Es ist zwar beliebt, aber nicht sehr sinnvoll, die beiden Bedeutungen von Kirche gegeneinander auszuspielen. Die Kirche ist nämlich beides: Haus Gottes und Haus der Gemeinde. Ehrfurcht und Andacht einerseits und Freundlichkeit und Mitmenschlichkeit andrerseits gehören zusammen. In Kirchen darf gelacht werden – wenn dort auch gebetet wird.

Auch in anderer Weise führt jedes Gotteshaus eine Doppelexistenz. Denn zum einen soll sich dort die Gemeinde versammeln –

der Raum soll die Menschen verbinden und nicht trennen –, zum anderen soll aber auch der Einzelne Zeit und Raum für die persönliche Andacht haben. Das gemeinsame und das einsame Gebet sollten nicht gegeneinander ausgespielt werden. Und unsere Kirchen sollten beides ermöglichen und fördern.

In alten Kirchen gab es oft viele „Plätze“, Kapellen, Nischen, Altäre, Seitenschiffe. Der Einzelne konnte sich dort in seinem Kummer zurückziehen, geborgen fühlen. Manche moderne Hallenkirchen verhindern das. Und das ist schade. Ein Mensch, der sich in einer stillen oder traurigen Stunde in die Kirche „zurückziehen“ will, soll sich dort nicht „ausgesetzt“ fühlen. Wir müßten uns wohl im heutigen Kirchenbau auch wieder mehr um bergende, irgendwie warme und das Gemüt ansprechende Räume bemühen. „Wohnlich“ sollte der Ort sein, in dem Gott und die Gemeinde „wohnen“ wollen.

Hauskirche

In der Nomadensprache der Bibel heißt es, daß Gott „sein Zelt unter uns" Menschen aufschlagen will. Und damit ist nicht nur sein Haus, die Kirche, inmitten der Menschenhäuser gemeint. Wir dürfen das wohl auch so verstehen, daß Gott wohnen will, wie und wo eben Menschen wohnen. Auch unsere Wohnungen sind sind Gottes Daheim. Das ist mit „Hauskirche" gemeint.

Jahrhundertelang wurde nach dem letzten Abendmahl in Wohnungen Eucharistie gefeiert. Deshalb ist auch heutzutage eine Hausmesse nicht bloß eine Notlösung. Sie weist vielmehr zu den Ursprüngen zurück: Mahl halten wie die Freunde Jesu damals. Wenn auch in Zeiten allzu großer Gemeinden und allzu weniger Priester solch eine Feier selten (aber auch kostbar) bleibt.

Der Alltag der Hauskirche ist jedoch etwas anderes: das tägliche Beten und Feiern der Familie. Und darüber hinaus das Pflegen der Bräuche, aber auch das Erfinden neuer Zeichen und Hausbräuche. Wie eine Familie mit ihren Festen umgeht, wie bei ihr gebetet, gesungen, die Bibel gelesen wird, wie bei ihren Feiern auch das gepflegte Essen und Spielen, das Gespräch und der Humor Platz haben – das alles bildet eine Familienkultur, die es wert sein wird, an die nächste Generation weitergereicht zu werden. Mag auch in den letzten Jahrzehnten einiges verlorengegangen sein. Manches läßt sich wiederbeleben. Aber auch Neues wird entstehen, wenn in einer Familie das Bewußtsein als Hauskirche lebt.

Wahrscheinlich war dieses Bewußtsein in jenen Zeiten stärker, in denen Geburt und Tod wie selbstverständlich in den Häusern und Wohnungen geschahen, als die Menschen das Werden und Vergehen noch ganz ungezwungen als immer wiederkehrende Anteile ihres Lebens und Erlebens erfuhren. Die Selbstverständlichkeit, mit der Gott in Leid und Jubel in den Wohnungen der Menschen anwesend war, ist heute selten geworden. Zur Geburt kommt man in die Klinik, zur Taufe in die Kirche, zum Sterben ins Spital und zum Begräbnis auf den Friedhof. Nicht zu verwundern, daß viele Menschen nur noch in der Kirche und auf dem Friedhof beten (– wenn überhaupt). Wir sollten Gott wieder in unser tägliches Leben, in unsere Wohnungen hereinlassen.

Im Freien

Unter freiem Himmel Gott zu loben, setzt unser Gebet in Beziehung zur ganzen Schöpfung. Während der geschlossene Raum der Kirche in manchen Menschen den Eindruck erweckt, als befinde man sich in einem gegen die „böse Welt" hin abgegrenzten Bezirk, auf heiligem Boden, geweihter Erde oder in einem Tempelbezirk, gibt der Gottesdienst im Freien den Blick frei für Gottes große Welt. Denn: die Schöpfung ist Gottes Haus. Sie in heilige und weltliche (sakrale und profane) Bereiche zu trennen, widerspricht dem Geist des Neuen Testaments. In ihm ist die ganze Schöpfung geheiligt.

Die christliche Gemeinde begibt sich also nicht nur ins Freie, wenn ihr die Kirche zu klein wird. Wenn sie an großen Festen wie etwa am Palmsonntag oder zu Fronleichnam die Kirche verläßt, dann weiß sie: Wir sind nicht Christen, um uns selbst zu genügen, sondern um die Welt zu heiligen. Unser Zeugnis ist nur eines, wenn es auch gesehen und gehört wird. Ohne aufdringlich zu sein, darf ein christliches Fest durchaus auch öffentlich gefeiert werden. Ein solches Fest soll nicht so sehr eine Machtdemonstration sein, sondern ein unbefangenes und fröhliches Feiern, selbstbewußt und tolerant – doch auch einladend und gewinnend, wie es dem Evangelium entspricht.

In jenen Zeiten und Gegenden, in denen alle Menschen mit großer Selbstverständlichkeit den gleichen Glauben hatten, war ein Gottesdienst in der Öffentlichkeit unter freiem Himmel nicht sonderlich problematisch. Heute gehört dazu sicher einiges an Taktgefühl und Phantasie.

Von besonderer Schönheit ist ein Gottesdienst unter freiem Himmel, wenn solche Rücksichten wegfallen und wenn es einfach mit großer Unbefangenheit aus der jeweiligen Situation heraus geschieht: so etwa als Gipfelmesse beim Bergsteigen.

Christen, denen die biblische Redeweise vom „Himmelreich" geläufig ist, werden bei solchen Anlässen auch den tieferen Sinn verstehen, der darin liegt, „unter freiem Himmel" Gott zu loben.

Altar und Tisch

In der Bedeutung des Altares unserer Kirche sind zwei verschiedene Ideen vereinigt: der feste, meist steinerne und massive Altar – und der Tisch. Wie jener, um den sich eine (Haus-)Gemeinschaft versammelt.

Der schwere Opferaltar erinnert an die Schlacht- und Brandopfer des alten Bundes, aber auch daran, daß solche Opfer mit dem Opfer Jesu den Höhepunkt und zugleich den Abschluß gefunden haben. Trotzdem: Der steinerne Altar mag an den Felsen Golgota erinnern, an den „Altar des Kreuzes" (wie es in alten Texten oft heißt), an die Märtyrergräber (wie ja auch die Reliquien im Altarstein andeuten).

Der Altartisch erinnert andrerseits daran, daß sich hier eine Gemeinde zum Mahl versammelt, daß Jesu Abendmahl ebenfalls um einen Eßtisch und nicht um einen Steinaltar stattfand und daß wir in der Messe unseren Blick nicht nur auf Gott, sondern auch auf die geschwisterliche Gemeinschaft richten.

In gewissen Abständen bricht immer wieder der Streit auf, ob unsere Altäre nun festgemauerte Altäre oder bewegliche Tische sein sollten. Dieser Streit spiegelt jedoch nur die zwei Seiten des katholischen Meßverständnisses wider: Die Eucharistie ist zugleich Opfer (– daher: Altar), und zugleich Mahl (– daher: Tisch). Wie ja auch die Kirche zugleich Haus Gottes und Haus der Gemeinde ist. Und wie wir ja auch in der Meßfeier die Kommunion mit Gott, zugleich aber auch die Kommunikation mit den Mitchristen sehen.

Auf keinen Fall ist der Altar irgendein Tisch zum Ablegen dessen, was Pfarrer oder Ministranten gerade in Griffweite haben wollen. Je sparsamer und sorgfältiger der Altar gestaltet und geschmückt ist, desto deutlicher wird, was hier inmitten der Gemeinde geschieht. Die oft sehr kunstvoll gestalteten „Hochaltäre“ alter Kirchen lassen das nicht zu, was im Zeichen des Altares gemeint ist: daß sich die Gemeinde um den „Tisch des Brotes“ versammelt.

Ambo und Kanzel

Genaugenommen ist eine Messe eine Doppelveranstaltung: Im Mittelpunkt des ersten Teiles steht das Wort Gottes (Wortgottesdienst), im zweiten Teil geht es um das Brotbrechen (Eucharistiefeier). Für beide Teile wird je ein eigener „Tisch" gedeckt. Der Tisch des Wortes ist jener Ort, von dem aus die Heilige Schrift verkündet (Lesung, Evangelium) und ausgelegt (Predigt) wird. (Nur in Ausnahmefällen oder bei beengten Verhältnissen dient der Altar als Tisch für Wort und Brot.)

Jahrhundertelang war in unseren Breiten die Kanzel der Tisch des Wortes. Sie wurde deshalb oftmals reich geschmückt, auch mit den Symbolen für das Wort Gottes. Die Sicht auf die Kanzel war ja von manchen Plätzen aus sehr schlecht – doch die akustischen Bedingungen wogen das meist hinreichend auf. Was früher der Schalldeckel der Kanzel war, ist heute das Mikrophon. Die Verstärkeranlage ermöglichte es, einen neuen, besser eingesehenen Platz zu suchen. Hier kann der Prediger von allen gesehen werden, hier muß er nicht mehr „von oben herab" oder „über die Köpfe hinweg" sprechen. Dennoch ist es schade, wenn von vielen schönen und an guter Stelle errichteten Kanzeln in alten Kirchen überhaupt nicht mehr gepredigt wird.

Der Ambo, der heute in vielen Kirchen verwendet wird, ist in seiner Entstehung eigentlich älter als die Kanzel. Wenn zwei solche Pulte in der Kirche stehen, dient eines dem Lektor (vielleicht auch dem Kantor), das andere dem Priester oder Diakon für Evangelium und Predigt. Damit soll jedoch nicht der Rang der Person, sondern der Rang der Heiligen Schrift betont werden.

Wenn heute viele Priester die Kanzel deshalb meiden, weil sie nicht über die Gläubigen „erhöht" sein wollen, dann verweisen sie damit auf das Wesen dieses Ortes – ob nun Kanzel oder Ambo: Nicht die Person soll erhöht werden, sondern das Wort Gottes. Der Respekt vor diesem Wort verlangt es, daß durch gewissenhafte Vorbereitung und Gestaltung von Wortgottesdienst und Predigt der Tisch des Wortes immer gut gedeckt ist. Ebenso wie eine Sonntagspflicht, gibt es auch ein „Sonntagsrecht" des Christen auf eine „nahrhafte" Verkündigung. Wir leben nicht vom Brot allein . . .

Tabernakel

Die ältesten Tabernakel standen nicht in Kirchen, sondern in Wohnungen. Um das eucharistische Brot für Kranke und Familienmitglieder, die am Besuch des Gottesdienstes gehindert waren, aufzuheben, bediente man sich eines kleinen Kästchens. Diesen Brauch übernahm man später in den Kirchen, um für Krankenbesuche gerüstet zu sein. Die Formen (vom Sakramentshäuschen bis zur Sakramentskapelle) wechselten nach Zeiten und Ländern.

Religionslehrer bekamen das Problematische dieses Brauches gelegentlich in Kinderfragen zu spüren. Wie soll man Kindern erklären, daß Christus in der Eucharistie gegenwärtig wird, wenn er es im Tabernakel längst schon ist? Versuche, solche Schwierigkeiten zu vermeiden, indem man den Aufbewahrungsort für das Allerheiligste auf einen Seitenaltar oder in eine kleinere Kapelle verlegte, wurden oft mit den Vorwürfen beantwortet, man wolle Gott aus der Mitte der Kirche vertreiben.

An dieser Stelle wird die mehrfache Rolle der Kirche als Haus für Gottesdienst und Gemeinde deutlich. Während der Meßfeier tritt die Bedeutung des Tabernakels zurück. Denn die Eucharistie geschieht am Altar. Außerhalb des Gottesdienstes dient aber die Kirche der persönlichen Andacht. Dabei ist der Tabernakel im Zentrum des Geschehens. Man sollte den Streit um den Tabernakel beenden und nicht mehr die Eucharistiefeier gegen die Anbetung ausspielen.

Anders als in den meisten christlichen Kirchen gibt der katholische Brauch der Aufbewahrung des eucharistischen Brotes den Kirchen unserer Konfession ein besonderes Gepräge. Das sogenannte Ewige Licht mit dem lebendigen Flackern der Flamme soll andeuten: Dieses Haus ist bewohnt, es ist von Leben erfüllt, auch wenn gerade kein Gottesdienst gefeiert wird. Wer tagsüber in eine Kirche kommt, spürt die besondere Gegenwart des Allgegenwärtigen. Natürlich wohnt Gott nicht nur in dem kleinen Kästchen vorne. Aber am Tabernakel sehen wir, daß Gott „sein Zelt unter uns Menschen“ aufgeschlagen hat. Gott unter uns.

Weg und Prozession

Einer der im Gottesdienst geheiligten Orte ist nicht eigentlich ein „Ort“, sondern der Wechsel von einem Ort zum anderen: die Bewegung, der Weg, die Prozession.

Manche Kirchen sind schon so angelegt, daß uns die Wege bewußt werden: der Weg zur Kirche, vielleicht ein Aufgang mit Stufen, eine Schwelle, eine Vorhalle, ein Gang in der Mitte – Wege, die man bewußt durchschreiten kann. Man kann dabei denken: So bin ich zu Gott unterwegs.

Die Feier der Gemeinde kennt ebenfalls solche Wege: der Einzug am Beginn, zu festlichen Anlässen besonders feierlich, der Weg zwischen Priestersitz und Altar, der Weg mit dem Evangelienbuch, bei großen Festen der Weg mit dem Weihrauch rund um den Altar, der Auszug.

Auch die Gläubigen sind unterwegs: zur Kommunion, zum Opfergang (was heute meist durch das Absammeln ersetzt wird), bei besonderen Anlässen zur Kreuzverehrung (Karfreitag), zum Aschenkreuz (Aschermittwoch), beim Kreuzweg.

Mehrmals im Jahr begibt sich die ganze Gemeinde auf den Weg: besonders festlich am Palmsonntag und zu Fronleichnam, aber auch für eine Lichterprozession (Maria Lichtmeß), an den Bittagen und zu manchen ortsüblichen Bräuchen.

Die aufwendigste Form des gemeinsamen geheiligten Weges ist die Wallfahrt. In früheren Zeiten machten sich Menschen sogar für Monate und Jahre auf den Weg nach Santiago, nach Rom, nach Jerusalem. In der Zeit der schnellen Reisemittel vergessen wir allzu leicht: „Fahren“ hieß früher „gehen“. Der „fahrende Gesell“ war ebenso zu Fuß unterwegs wie der Wallfahrer.

All diese heiligen Wege erinnern uns an den einen großen Weg: unseren Lebensweg hin zu Gott, unserem letzten Reiseziel. In diesem Leben bleiben wir Wanderer, unsere Aufenthaltsorte sind Raststätten, unsere Wohnungen Herbergen und unsere Freunde Reisegefährten. Und die Christen verstehen sich als eine Weggemeinschaft zu Gott.

Geheiligte Personen

Beim Nachdenken über die Personen, die im Gottesdienst zusammenwirken, ist man leicht geneigt, eine Zweiteilung vorzunehmen: in geheiligte Personen (Kleriker) einerseits und das gewöhnliche Volk (Laien) andrerseits. Diese Einteilung vergißt, daß alle Christen „ein auserwähltes Geschlecht, eine königliche Priesterschaft“ (1 Petr 2, 9) bilden. Die Taufe, die alle Christen zu einer „klassenlosen“ Gemeinschaft von Schwestern und Brüdern zusammenfügt, eint uns mehr, als das besondere Priesteramt uns trennen könnte.

In früheren Jahrhunderten erschien vielen die Trennung in Klerus- und Laienkirche so wichtig, daß sie in der Architektur der alten Kirchen noch heute, manchmal durch richtige Gitter und Schranken (Lettner), zu sehen ist. Im heutigen Kirchenbau ist zu erkennen, daß sich das eine Volk Gottes mit seinen Amtsträgern um den Altar versammelt.

Für die verschiedenen Aufgaben und Rollen im Ablauf des Gottesdienstes gibt es Weihen, Beauftragungen, Schulungen – und manchmal nur eine besondere Begabung oder Fähigkeit. Ob jemand nun durch Vorlesen oder Vorsingen (Lektor und Kantor), durch Predigen oder Musizieren an sichtbarer oder unsichtbarer Stelle seinen Dienst ausübt – immer ist es ein Dienst, nie aber eine Herrschaft. So gesehen sind nicht nur die Ministranten, sondern auch die Geistlichen richtige „Meßdiener“. Und sogar der Vorsitzende des feierlichsten Gottesdienstes, der Papst, ist letztlich ein „Kirchendiener“. Herr der Kirche und ihr Oberhaupt ist Christus.

In der frühen Kirche gab es für die verschiedenen Dienste eigene Weihen. So gab es für das Amt des in Verfolgungszeiten so wichtigen Türhüters die Weihe zum „Ostiarier“. Ämter änderten sich, Weihen verschwanden. Trotzdem sollte wieder daran erinnert werden, daß Aufgaben wie die eines Organisten oder eines Chorleiters geradezu priesterliche Dienste sind, wenn sie das Lob Gottes und die Verkündigung der Botschaft Jesu in die Sprache der Musik übersetzen. So hat jeder Christ im Gottesdienst seine Rolle und seinen Dienst, wenn auch oft nur im Mitbeten und Mitsingen. „Publikum“ und „Zuschauer“ sollte es im priesterlichen Volk der Christen nicht geben.

Die Messe ist keine liturgische „Darbietung“ – als würde einer als „Hauptdarsteller“ zelebrieren, die anderen aber bloß zuschauen. Früher hieß es, man solle der heiligen Messe „andächtig beiwohnen“, der Geistliche hatte die Messe zu „lesen“, die Gläubigen hatten die Messe zu „hören“. Hinter solchen Ausdrücken steht ein einseitiges Bild vom Gottesdienst.

Heute ist es vielen Christen wieder bewußt geworden: Nicht bloß der Priester, sondern die ganze Gemeinde feiert den Gottesdienst. Die „königliche Priesterschaft“ des Volkes Gottes ist der Träger der heiligen Handlung. (Deshalb ist es auch den Priestern untersagt, allein eine Messe zu halten. „Privatmessen“ gibt es nicht.) So steht auch der Pfarrer nicht außerhalb seiner Gemeinde, sondern innerhalb: Er steht ihr vor, er ist Vorsteher (oder Vorsitzender).

Es gibt eine gottesdienstliche Feier, in der das besonders deutlich wird. Bei der Eheschließung spendet nicht der Priester dem Brautpaar das Sakrament, sondern die Brautleute spenden es einander. Was der Pfarrer tut, heißt in der kirchlichen Amtssprache: der Ehe assistieren. Bei der Gründung der kleinsten und grundlegenden Form christlicher

Gemeinschaft – der „Hauskirche“ – zeigt es sich: Die Hauptperson christlichen Lebens ist nicht der Amtsträger, sondern der Christ. Das sollte jeden bewußten Christen auch „selbst-bewußt“ machen.

Der heutige Priestermangel hat unter seinen Nebenwirkungen auch Gutes: Die Gemeinden erkennen, daß es vielerlei Arten von Gottesdienst gibt, die sie auch ohne einen geweihten Priester feiern können. In Wortgottesdiensten, Andachten, in Gebetskreisen und in der Hauskirche üben nun einfache Christen, Frauen und Männer ihr gemeinsames Priesteramt aus. Wenn sie sich so als die eigentlichen Hauptpersonen des christlichen Gottesdienstes erfahren, dann braucht einem um die Zukunft unserer Kirche nicht mehr bange zu sein.

Priester

Das Problem, heute über den Priester zu schreiben, beginnt schon bei der Wortwahl. Im Neuen Testament wird nämlich das griechische Wort („hiereus“) nur für den alttestamentlichen Tempelpriester und für Jesus als den einen und letzten Hohenpriester verwendet. Für die Seelsorger und Geistlichen der frühen Kirche wurden die Bezeichnungen „Ältester“, „Aufseher“ (Vorsteher) verwendet. Man verstand also offensichtlich dieses neue Priesteramt anders als das alte.

Tatsächlich hatten die christlichen Priester (bleiben wir der Einfachheit halber bei diesem Wort) keine Schlacht- und Brandopfer darzubringen, sie feierten fürs erste nicht in Tempeln, sondern in Wohnhäusern ihre Gottesdienste, sie hatten normale bürgerliche Berufe und waren verheiratet. Was sie aber trotz solcher Verschiedenheiten mit dem heutigen Priesteramt verband, war ihre Beauftragung durch die Handauflegung des Apostels – heute würden wir dazu „Weihe“ sagen, die Erteilung der priesterlichen Vollmacht.

Zu allen Zeiten war es im katholischen Verständnis des Priesteramtes wichtig, daß durch die Weihe eine Verbindung mit dem Bischof und den vielen anderen christlichen Gemeinden deutlich wird. Es ist eine Verbindung zur Vergangenheit, indem sich jeder Geweihte über die Bischöfe und die Apostel auf Jesus bezieht. Es ist aber auch eine Verbindung über den ganzen Erdkreis, mit allen, die – vielleicht zur selben Stunde – im Auftrag Jesu das gleiche tun.

Im Hochgebet der Messe wird die Verbundenheit mit dem Bischof und dem Papst ausdrücklich genannt. Die Person des vom Bischof geweihten Priesters ist dafür ein leibhaftiges Zeichen. In seiner Person und in seinem Wort soll deutlich werden, daß unser geistliches Leben bis Jesus zurückreicht und unser Gebet alle Gemeinden verbindet.

Die naive Meinung, daß sich Gott in die Hände des Priesters wie in die Gewalt eines bevollmächtigten Zauberers begibt, ist Magie. Richtig ist hingegen die Erinnerung daran, daß sich Jesus in die Hände der Menschen gab, bis zum Tod verletzlich, um uns den Weg in neues Leben hinein zu eröffnen. Die Erinnerungsfeier daran ist unsere Messe.

Ministranten

Zum Dienst am Altar wurde man in der frühen Kirche (als Akolyth) geweiht. So sehr schätzte man schon damals den Ministrantendienst. Allerdings beschränkte man in jener Zeit diesen Dienst nicht auf Kinder, wie es heute vielfach geschieht. Die Meßdiener der jungen Kirche waren Männer.

Natürlich hat es auch sein Gutes, wenn Kinder und Jugendliche, Buben und Mädchen, durch den Dienst am Altar in das Gemeindeleben hineinwachsen und dadurch lernen, Aufgaben und Dienste zu übernehmen. Es sollte nur nicht der Brauch entstehen, alle Dienste rund um den Altar an die Kleinen abzugeben.

Die Zahl, das Alter und die Ausstattung der Ministranten (und Ministrantinnen) können die Festlichkeit eines Gottesdienstes ausdrücken. Kerzenträger, der Dienst an besonderen Geräten (Weihrauch, an den Ölen bei der Firmung oder der Osternachtfeier), das Tragen des Vortragskreuzes und ähnliches geben Festgottesdiensten ein besonderes Gepräge. Wenn man sich ein Osterhochamt mit bloß zwei Ministranten vorstellt, wird einem bewußt, wie sehr dieser Dienst die Feierlichkeit erhöht. In einer Prozession, im großen Einzug in die Kirche an Hochfesten merkt das jeder: Die Ministranten sind wichtige Mitgestalter unserer Gottesdienste.

Der Brauch, den Meßdienern eigene liturgische Kleider anzuziehen, ist alt und durchaus sinnvoll: Der festliche Gottesdienst wird dadurch auch in gewisser Weise zum heiligen Schauspiel. Trotzdem ist die innere Haltung das wichtigste. Die Gemeinde merkt bald, ob hier nur ein paar Statisten ihre Rolle spielen, oder ob die jungen Christen auch mit dem Herzen dabei sind. Das Ziel ist kein perfektes Ministrantenballett, sondern daß der Dienst am Altar in Freude und aufrichtiger Sammlung getan wird.

Seit jeher sind aus der Schar der Meßdiener viele geistliche Berufe hervorgegangen. Viele in Pfarren, Pfarrgemeinderäten und in katholischen Organisationen engagierte Christen waren als Kinder Ministranten. So wird der Dienst am Altar auch im Leben als Christ fruchtbar.

Diakon

Ein lange Zeit fast vergessenes Amt wurde nun wiederbelebt: Dem Diakon (Diener) war in der Zeit der frühen Kirche vor allem die Fürsorge für die Armen und Bedürftigen einer Gemeinde aufgetragen. Heute würde man vielleicht von einem Caritassekretär sprechen. In der Liturgie war sein Platz an der Seite des Priesters. Im Mittelalter ging das Diakonat als eigenes Amt verloren und war nur mehr eine Vorstufe zum Priesteramt. Erst seit dem jüngsten Konzil gibt es wieder den selbständigen Diakon (ohne Zölibatsverpflichtung).

Das neue alte Amt hat sich bereits in vielen Ländern durchgesetzt. Diakone sind mit der Verkündung der Botschaft Jesu betraut, haben also das Evangelium zu verkünden und die Predigt zu halten. Auch die Verwahrung und Spendung des eucharistischen Brotes ist ihnen aufgetragen. Wortgottesdienste, Andachten, Trauungen, Taufen und Begräbnisse gehören zu ihren liturgischen Aufgaben. Mit Ausnahme der Meßfeier selbst und der Spendung der Buße und Krankensalbung sind ihnen also alle Aufgaben anvertraut, die üblicherweise von Priestern verrichtet werden.

In den Sorgen und Auseinandersetzungen um die Zukunft des Priesteramtes (Zölibat, weibliche Priester) stellt der Diakon so etwas wie eine Zwischenlösung dar: Er ist nach dem Vorbild der frühen Kirche verheiratet und oftmals in einem bürgerlichen Beruf tätig – andrerseits hat er die erste Stufe der Priesterweihe empfangen und ist somit Kleriker. (Die drei Stufen Diakon, Priester und Bischof benennen die drei Ausfaltungen des Weihepriestertums.) Die Wiederbelebung des frühchristlichen Diakonissenamtes – eines ähnlichen Dienstamtes für Frauen – wollte man bisher in der katholischen Kirche nicht riskieren.

Wenn auch die Erfahrungen mit dem Amt des Diakons erst jung und unvollständig sind, so ist doch wenigstens eines gewiß: Die Kirche hat im Lauf ihrer Geschichte immer wieder Ämter verändert, alte aufgegeben, neue errichtet, frühere wieder aufgegriffen. Solche Änderungen sollten uns nicht erschrecken, sondern zeigen, daß die Kirche lebt.

Lektor und Kantor

Jahrhundertelang gab es für das Amt des Lektors eine eigene Weihe. Heute, da Schriftkundige die Regel und nicht die Ausnahme sind, kann jeder Christ dieses Amt auch ohne Weihe und Ausbildung übernehmen. Dennoch merkt man: Nicht jeder, der lesen kann, ist auch schon ein guter Lektor. Das Vortragen eines Textes in der Öffentlichkeit, das Verhalten vor einem Mikrophon oder in der bisweilen schwierigen Akustik eines Kirchenraumes will vorbereitet und geübt sein. Auch die Körperhaltung und die Kleidung sind nicht beliebig – Sorgfalt und Hingabe sind auch für dieses Amt nötig.

Man ist geneigt, den Kantor (den Vorsänger) unter die Musiker einzureihen. Denn tatsächlich sind Musikalität, eine gute Stimme und wenigstens eine gewisse Ausbildung nötig, um der Gemeinde vorzusingen. Der inneren Bedeutung nach gehört jedoch der Kantor zu jenen, die mit der Verkündigung betraut sind (Priester, Prediger, Lektor). Er hat Texte aus der Heiligen Schrift (vor allem aus den Psalmen) und aus der christlichen Überlieferung zu singen, sein Gesang ist weniger ein solistischer Vortrag, sondern eher ein verkündender Sprechgesang. Der Text – und damit die Wortverständlichkeit – ist wichtiger als Melodie und Schöngesang. Deshalb ist der Platz des Kantors auch nicht der Orgelchor, sondern der Altarraum.

In alten Kirchen gab es oft zwei Pulte (Ambo), eines für Evangelium und Predigt, ein anderes für die übrigen Texte. Das eine benützte der Priester oder der Diakon, das andere der Lektor, fallweise auch der Kantor. Der Ort bezeichnet so die Wichtigkeit der Aufgabe. Lektor und Kantor erfüllen wichtige Aufgaben im Gottesdienst. Deshalb ist nicht nur das Können, sondern auch das Leben der jeweiligen Personen wichtig, damit ihre Verkündigung glaubwürdig sein kann.

In manchen Gemeinden gibt es ganze Gruppen von Sängern, die als Schola der Gemeinde vorsingen. Anstelle des Kantors oder abwechselnd mit ihm erfüllen sie ihre Aufgabe. Auf keinen Fall sollten Kantor und Schola anstelle der Gemeinde singen. Nur wenn gemeinsam und abwechselnd mit der Gemeinde gesungen wird, ist dieser Dienst sinnvoll.

Sänger und Musiker

Es gibt Menschen, denen die Musik im Gottesdienst wie ein überflüssiger Luxus erscheint, wie eine antiquierte Verbrämung vielleicht, die man zweckmäßiger unterlassen könnte. Andrerseits gibt es auch Gläubige und Geistliche, die in der musikalischen Gestaltung der Gottesdienste nur das Nützliche und Attraktive sehen: Was mehr Menschen in die Kirche bringen könnte. Natürlich kann man die Musik in der Kirche weglassen, oder auch nur nach dem Gesichtspunkt des Modischen und die Menschen Anlockenden auswählen. In jedem Fall wird unser Gottesdienst ärmer. Denn die rechte Musik ist im Gottesdienst nicht Zierat oder Ornament, sondern ein Versuch, das Wesentliche „zur Sprache zu bringen". Nur ist die Sprache der Musik „sprachlos" im üblichen Sinn. Gerade weil die Musik die literarische Sprache entbehren kann, kann sie „Unsagbares sagen". Wo menschliche Sprache versagt, versucht die Musik zu reden.

Das ist freilich ein hoher Anspruch für die Kirchenmusik. Unter diesem Anspruch wird man auf geistliche Ohrwürmer und religiöse Gassenhauer verzichten müssen. Wer in den Gottesdienst geht, um sich unterhalten zu lassen, wird ohnehin nie zufrieden sein.

Diesen hohen Anspruch an die Musik im Gottesdienst kann sehr einfach-schlichte Musik ebenso erfüllen wie kunstvoll-komplizierte, alte und klassische ebenso wie zeitgenössische und experimentelle. Nicht der Orgelklang macht kirchliche Musik gut und Gitarrensound schlecht. Aber auch nicht umgekehrt.

Letzten Endes geht es darum, daß Sänger und Musik sich mit ihren besten Kräften nicht in den Dienst eines Konzertes im Kirchenraum, sondern in den Dienst Gottes und der Gemeinde stellen. Der Anspruch an die „Qualität“ könnte dann lauten, daß man nicht ein schwieriges Werk mittelmäßig, sondern ein leichteres Werk besser bewältigt. Ein Organist, der nicht routinemäßig seine Lieder mit ein paar Dutzendakkorden verbrämt, sondern sich auf ein Nachspiel sorgfältig vorbereitet, wird bald spüren, daß der Gottesdienst besser gelingt, daß die Botschaft tiefer dringt. Wir sollten in unseren Kirchen öfter zu hören bekommen, daß die Musik zu den besten Gaben Gottes gehört.

Mesner

Es gibt ein kirchliches Amt, das selten als solches genannt wird, für das es keine Weihe und selten Anerkennung gibt, und das dennoch große Anerkennung verdient, wenn es sorgfältig ausgeübt wird.

Der Mesner (Sakristan, Küster, Kirchendiener) ist sozusagen der Hausmeister der Kirche. Er hat für Ordnung und Sauberkeit zu sorgen, aber auch für den Blumenschmuck und die Vorbereitung der Gottesdienste. Wenn er sein Amt schätzt, dann sorgt er auch für ein gutes Klima unter den Mitarbeitern, unter den Ministranten, unter den Trägern der verschiedenen gottesdienstlichen Aufgaben. Die Atmosphäre in seinem engeren Arbeitsraum, der Sakristei, wird weitgehend von ihm bestimmt. Und immer wieder kommt es vor, daß ein von den Leuten geschätzter Mesner (oder eine Mesnerin) zur „guten Seele" der Pfarre geworden ist. Der frühchristliche Brauch, den Türhüter (Ostiarier) der Kirche eigens zu weihen, könnte für manchen tüchtigen Mesner sinnvoll wiederbelebt werden. Er übt tatsächlich ein wenig beachtetes, aber sehr wichtiges Amt in der Gemeinde aus.

In vielen Pfarren ist der Kirchendiener auch der Einspringer in Notfällen: Wenn keine Ministranten da sind, ministriert er, oft verrichtet er das Amt des Lektors, manchmal sogar das des Organisten. Und in priesterlosen Gemeinden ist es nicht selten der Mesner, der Wortgottesdienste und Andachten hält.

Gemeinden, die dazu neigen, sich „versorgen“ zu lassen, nehmen den Mesner kaum wahr. Er wird ja oft (aber nicht immer) bezahlt, damit er seinen Dienst tut. Wer die Pfarre nur als ein Dienstleistungsunternehmen versteht, wird natürlich nur nachrechnen, was er für sein Geld bekommt. Wer aber die Gemeinde als unseren Lebensraum als Christen versteht, der ist dankbar für jeden, der sich engagiert – der wird sich auch selbst „in Dienst nehmen lassen“ (was „engagiert“ auf deutsch heißt). Wenn unsere Kirchen als Gotteshäuser auch die Häuser unserer Gemeinden sind, dann sorgen die Mesner, aber auch wir alle, für eine kirchliche Wohnkultur. Wo Gott unter den Menschen wohnt, wo die Menschen im Geist Jesu beisammen wohnen, dort sollte man diese Wohnkultur spüren.

Geheiligte Haltungen

Der Mensch ist Körper. Die Redeweise, als ob der Mensch seinen Körper „habe", sagt zu wenig. Wir können unseren Leib nicht wie ein Gewand an der Garderobe abgeben. Wer wir sind und was wir sind, kommt auch im Körper „zur Sprache" – in der Körpersprache. Unsere Haltungen sind also nicht beliebig, unwichtig oder vertauschbar. Unser leibliches Verhalten kann unsere innere Haltung „leibhaft" ausdrücken: Aufmerksamkeit, Ehrfurcht, Hinwendung, Erregung, Ergriffenheit, Zorn, Trauer, Ablehnung, Desinteresse ...

Ein großer Teil unseres körperlichen Ausdrucks ist unbewußt. Das Gesicht mit seinen Regungen, die Bewegungen und Haltungen der Gliedmaßen, die Stellung des ganzen Körpers können einem aufmerksamen Beobachter oder einem geschulten Psychologen einiges von dem verraten, was wir bewußt verschweigen oder mit Worten verschleiern wollen. Und wer aus Angst vor der verräterischen Sprache seines Körpers sich zu beherrschen sucht, wird in um so auffälligerer Weise steif. Es ist wohl am besten, die Ausdrucksweisen des Körpers zuzulassen und sie in einem bewußten Einklang mit unserem Innenleben zu pflegen.

In gewisser Weise gehören die Gestaltung des Körpers, seine Pflege und Kleidung ebenfalls zur leibhaftigen Sprache. Sie verraten, ob wir unseren Leib mögen, ihn pflegen, ihn gerne „bewohnen“. Es ist für unser Menschsein sehr wichtig, ob wir uns in unserer Haut wohlfühlen oder vielleicht gelegentlich aus der Haut fahren möchten oder gar in einer fremden Haut stecken wollen.

Ein Mensch, der seinen Körper gern und bewußt bewohnt, wird dies auch im Gottesdienst spüren und zum Ausdruck bringen dürfen. Er wird auch ohne viel Nachdenkens nicht durch die Kirche schlendern wie bei einem Auslagenbummel. Seine Kleidung wird den Respekt vor Gott und der Gemeinde zeigen. Wer jedoch meint, es ginge dabei nur um „gutes Benehmen“ und modische Kleidung, verkennt den Sinn bewußter Leiblichkeit. Man kann durchaus in einem überfüllten Jugendgottesdienst respektvoll in Jeans auf den Altarstufen sitzen. Es mag dies eine vertraute Unbekümmertheit im Angesicht Gottes sein, die mehr vom Wesen des Gottesdienstes erfaßt, als wenn man sich beim Friedensgruß mit spitzen Fingern den Nachbarn vom Leibe hält.

Stehen

Der „aufrechte Gang“ gilt als eines der Prädikate des Menschseins. Und damit ist nicht nur die aufgerichtete Körperhaltung gemeint, sondern auch eine innere Haltung: Der Mensch kann sich vom Boden erheben. Dann wird sein Körper nicht mehr bloß von den Armen und Beinen getragen, sondern vom Rückgrat. Zum aufrechten Gang und zum geraden Stehen braucht der Mensch sein Rückgrat. Ohne Rückgrat geht der Mensch wieder zu Boden. Im Wissen um die zeichenhafte Bedeutung des aufrechten Ganges sprechen wir dann auch wirklich von „Aufrichtigkeit“. Ein aufrechter Mensch ist dann nicht so sehr einer mit einem gesunden Körper, sondern vor allem einer mit einer gesunden Seele.

Wer sich einmal gesammelt und ruhig auf seine Beine stellt, kann das alles spüren: Die gesamte Last unseres Körpers ruht dann auf den Füßen – das Rückgrat wird sozusagen zum „Baum“, der in sich ruhig, gleichsam „verwurzelt“ stehen kann. Wir stehen mit beiden Beinen fest auf dem Boden. (Auch dieser Satz wird zur Metapher.)

Ein Mensch, der in sich ruht, der fest auf dem Boden steht, den nicht so leicht ein Schicksalsschlag knickt oder entwurzelt – das ist ein Mensch mit einem festen Glauben. Im biblischen Sprachbild ruht er fester in sich als ein Berg. Dieser würde eher versetzt werden als sein Glaube. (Die überspitzt-orientalische Redeweise mag uns daran erinnern, wie gefährdet unser Glaube tatsächlich sein kann.)

Der gläubige Mensch, der vor Gott steht, darf sich das bewußt machen: Vor Gott muß ich nicht winseln und im Staub herumkriechen wie vor einem grausamen Despoten. Gott hebt mich auf. Er „richtet mich auf", um mich „aufrecht" stehen zu lassen – um mich glauben zu lassen. Dieser Glaube macht mich stark. Wer beim Glaubensbekenntnis der Messe aufsteht, könnte dies in seiner Körperhaltung spüren. Das Christentum ist keine Sklavenreligion: „Zur Freiheit hat uns Christus befreit" (Gal 5, 1). Auch aus Schuld und Leid richtet Gott uns auf. Der aufrechte Gang des Christen ist eine Mischung aus Stolz und Respekt. Ein durchaus gesunder Stolz im Bewußtsein, von Gott geliebt zu sein – aber auch Respekt und Ehrfurcht vor ihm, seiner Schöpfung und den Mitmenschen.

Knien

Die Körpergröße ist in mancher Hinsicht unser Schicksal. Das äußere Ansehen kann einen unbedeutenden Menschen größer und einen hervorragenden Menschen unbedeutend erscheinen lassen. Der Kummer über eine bescheidene Körpergröße kann einen Menschen entmutigen, aber auch zu Höchstleistungen anspornen. Mit dicken Sohlen, hohen Absätzen, aber auch mit aufgesteckten Frisuren und aufragenden Kopfbedeckungen versucht mancher seine Bedeutung zu unterstreichen. Offizierskappen und Bischofsmützen sind sozusagen offizielle Vergrößerungen von Menschen, die doch letztlich ebensolche sind wie du und ich. Kleine Menschen mögen sich trösten und sagen: Nicht die äußere Länge – die innere Größe macht es aus.

So sehr wir uns auch strecken, erhöhen und in die Brust werfen – vor Gott bleiben wir klein. So sehr wir uns voreinander aufplustern – vor Gott sind wir bloß aufgeblasene Frösche. Das mag für manche demütigend klingen. Es soll jedoch nicht erniedrigen, sondern bescheiden machen. (Das Wesen der Demut erfüllt man nicht, indem man andere, sondern indem man sich bescheidet.) Wer sich niederkniet, könnte das spüren: Vor

Gott werde ich klein. Nicht weil er mich erniedrigt – ganz im Gegenteil: Gott hebt mich auf und erhöht mich. Mein Kleinwerden vor Gott verweist mich auf meinen Platz als Geschöpf, freilich als ein durch ihn geheiligtes Geschöpf: als sein Kind.

Im Kleinwerden vor Gott liegt etwas zutiefst Tröstliches: Ich muß vor Gott nicht „hervorragend“ sein. Er verlangt von mir nicht, hervorzuragen, aufzufallen, Außergewöhnliches zu leisten. Ich darf mich „getrost“ an meine durchschnittlichen, gewöhnlichen Gaben und Fähigkeiten halten. Gott versetzt mich nicht in Streß. Vor Gott zu knien, bedeutet auch, schwach sein zu dürfen, seine Verletzlichkeit zugeben zu können, für Trost empfänglich zu sein. Doch das eine unterscheidet die christliche Anbetung von heidnischer Unterwürfigkeit: Gott läßt uns nicht klein und gebeugt vor sich knien – er hebt uns zu sich empor, er richtet uns auf.

Sitzen

Das aufrechte und gesammelte Sitzen ist selten geworden. Wir haben uns daran gewöhnt, unseren Körper – wie wir meinen – möglichst bequem auf einen Sessel zu legen. Mit dem Ergebnis, daß wir andauernd die Position verändern – also unruhig hin- und herrücken. Wahrscheinlich haben die weitverbreiteten weichen und tiefen Polstermöbel in unseren Wohnungen dazu beigetragen, daß wir eher liegen als sitzen. (Wie ja auch die Menschen der Antike vielfach bei Tisch gelegen sind.) Beim rechten Sitzen verteilt sich das Körpergewicht gleichmäßig auf die Beine und die Sitzfläche, während man in vielen Sesseln und Stühlen von heute eher liegt und die Beine von sich streckt oder auch vom Boden abheben kann.

Beim Nachdenken über das echte Sitzen wird einiges klar: Es handelt sich nicht bloß um ein entspanntes Ruhen, sondern um ein aufrechtes und aufmerksames Erwarten. Wer sich zum Vergleich daheim zuerst ein paar stille Minuten in einen bequemen Polstersessel „legt“ und dann ebenso lang auf einen schlichten Sessel „setzt“, wird das auch innerlich spüren. Im Sitzen begründet sich eine empfangsbereite Aktivität.

Wer das alles bedenkt, wird verstehen, daß

es falsch wäre, heutzutage etwa eine neue Kirche mit bequemen Polstermöbel einzurichten. (Wenngleich nicht verschwiegen werden soll, daß in manchen alten Kirchen rechte Marterbänke die Andacht erschweren.) Auch die eigentlich zum Knien gedachten Fußbänke erschweren eher ein gutes Sitzen, weil sie das Gewicht des Körpers auf die Sitzfläche verlagern, wenn man die Füße höher stellt.

Wer einen ruhigen und zugleich entspannt Sitzenden betrachtet, wird bemerken, daß der Körper durch diese Haltung „zusammengeschoben“ wird – die äußere Gestalt des Leibes signalisiert die innere Sammlung. Mein Inneres wird wach und ruhig zugleich. Nun kann ich das Wort Gottes hören, die Predigt aufnehmen, das Singen bekommt einen besinnlich-nachdenklichen Charakter. (Zu einem festlichen Danklied würde man ja auch aufstehen.) Manchmal scheint es, als würden wir in den weichen Liege-Stühlen vor dem Fernsehgerät zugleich mit dem Sitzen auch das aktive Hören und Sehen verlernen.

Gehen

Das Gehen im Gottesdienst ist kein bloßer Ortswechsel. Das bewußte und gelassene Gehen wird geradezu zum Schreiten, wenn der Weg selbst zum Ereignis wird: Ich erhebe mich (meinen Körper), ich nehme Abschied von einem Ort, ich fasse einen anderen als mein Ziel ins Auge, ich wende meine Aufmerksamkeit auf das Ziel und den Weg dorthin, ich trage mich (meinen Körper) langsam und zielgerichtet hin zum anderen Ort, komme dort an und lasse mich (meinen Körper) nieder – ich bin angekommen. Ich war leibhaft unterwegs.

Ganz anders bei einer schnellen Reise mit dem Auto oder dem Flugzeug: Kaum eingestiegen, bin ich auch schon am Ziel. Und dort merke ich, daß ich noch gar nicht recht angekommen bin. Mein Leib ist schon da, aber die Seele ist noch unterwegs, vielleicht noch nicht einmal abgereist. Ich habe genaugenommen keinen Weg zurückgelegt, sondern nur meinen Körper verschickt. Wen wundert es, wenn in unsrer so reisefreudigen Zeit so viele Menschen abwesend anwesend sind. Ihr Wesen ist in all der Bewegungshektik im wörtlichen Sinn irgendwo auf der Strecke geblieben. Wer wesentlich sein will, muß gehen lernen. Das ist sogar mit dem Rollstuhl manchmal leichter zu realisieren als mit dem gedankenlos benutzten Auto.

Es ist einen Versuch wert, auf die beschriebene Weise „in die Kirche zu gehen“: Schon beim Weggehen von zu Hause wird mir klar, wo das Ziel dieses Weges liegt. Und Gott ist das Ziel nicht nur des einen Kirchgangs, sondern des ganzen Lebens. Im Näherkommen könnte die Erwartung steigen, ein kurzes Innehalten beim Überschreiten der Schwelle zum Kirchenraum – gleich bin ich angekommen. Die Gesten beim Eintritt – Kniebeuge und Kreuzzeichen – machen mir die Ankunft bewußt. Wie beim Betreten einer Wohnung halte ich kurz inne, blicke herum, lasse mich vom Raum umfangen. Ich suche einen Platz, an dem ich mich jetzt wohlfühlen werde – „meinen Platz“ vor Gott. Ich lasse mich nieder, begrüße vielleicht die Nachbarn, fühle meine und Gottes Anwesenheit, halte meine Seele in seine Sonne und denke vielleicht: Hier bin ich daheim.

Alle Wege zum und vom Gottesdienst, aber auch die Wege in der Kirche, zur Kommunion etwa, auch die Prozessionen und Wallfahrten, sie alle sind solche Er-fahr-ungen („fahren“ hieß früher gehen) zu Gott – oder können es wenigstens sein. Allein oder gemeinsam. Auch bei einem fröhlichen Gespräch während des Kirchgangs sind wir zu Ihm unterwegs.

Verneigung und Kniebeuge

In den streng abgestuften Ritualen früher Bräuche steigerte sich die Respektbezeugung der Liturgie vierfach: Verneigung, einfache Kniebeuge, feierliche Kniebeuge (mit beiden Knien, vor dem ausgesetzten Allerheiligsten) und das Ausstrecken auf dem Boden (am Karfreitag und bei der Priesterweihe). Die letztgenannte Form der Verehrung Gottes erinnert an den Brauch der totalen Selbsterniedrigung vor dem orientalischen Despoten des Altertums. In geradezu dramatischer Form sagt hier die Körpersprache: Gott ist alles – ich bin nichts. Ich bin Staub und liege im Staub. Nur Gott kann mich vom Boden aufheben. Eigentlich ist diese drastische Form der Selbsterniedrigung durch die Erlösung überholt: Gott ist Mensch, Jesus unser Bruder geworden.

Im Alltag des Gottesdienstes spielen daher nur mehr die Kniebeuge (vor dem Allerheiligsten) und die Verneigung (vor dem Kreuz, vor Menschen, als Zeichen der Begrüßung) eine Rolle. Daß wir es heute mit der Abstufung der Ehrfurchtsbezeugungen nicht mehr so genau nehmen, die einzelnen Zeichen im Ablauf der Messe reduziert wurden und selbstverständlich jeder behinderte Mensch sich mit einer einfachen Verneigung begnügen kann, soll nicht dazu führen, daß daraus ein schnelles und gedankenloses Ritual wird.

Gerade die Kniebeuge ist ein ausdrucksstarkes Zeichen, das seine leibhafte Bedeutung unmittelbar erschließt. Wer versucht, statt einem schnell hingehuschten Bücken, eine langsame Kniebeuge mit geradem Oberkörper zu machen, wird das auch spüren: Ich mache mich vor Gott klein, ohne meinen Rücken zu beugen. Indem ich vor Gott in die Knie gehe, bleibt doch die aufrechte Haltung bestehen. Ein kurzes Verweilen, während mein Knie den Boden berührt, kann mir bewußt machen, daß es schön ist, als Geschöpf vor seinem Schöpfer klein und dennoch nicht erniedrigt zu sein.

Das Knien ist für einen Christen nicht die Normalgeste, sondern ein besonderes und deshalb ausdrucksstarkes Zeichen. Daran erinnert das heute vergessene Verbot (Konzil von Nizäa, 325 n. Chr.), in der Osterzeit und an Sonntagen (am Auferstehungstag) kniend zu beten. Der „österliche Mensch" muß vor Gott nicht mehr in die Knie gehen. Darin liegt auch der Sinn, wenn andere christliche Kirchen (wie die evangelische und orthodoxen) das Knien und die Kniebeuge nicht oder nur selten üben.

Gruß

Viele Christen wurden so erzogen, als dürfe im Kirchenraum nichts geschehen, was nicht in direkter Beziehung zu Gott steht. Also kein lautes Wort (außer den heiligen Texten oder Gesängen), kein Herumschauen, kein Gruß, schon gar kein Lachen oder vielleicht Klatschen. Das hat sich in den letzten Jahren geändert. Die Kirche ist lockerer geworden – und wir haben uns sogar an scherzende und küssende Päpste gewöhnt. Das hat der Atmosphäre in unseren Gemeinden gutgetan.

Wir haben dabei entdeckt, daß der Gottesdienst mit einem liturgischen „Grüß Gott!" beginnt („Der Herr sei mit euch!") und mit einem ebensolchen „Lebewohl!" endet („Geht hin in Frieden!"). So haben die Christen auch wieder begonnen, einander im Kirchenraum zu begrüßen und sich zu verabschieden – wenn man es nicht vor- und nachher auf dem Platz vor der Kirche tut. Persönliche Worte des Pfarrers zur Begrüßung und zur Verabschiedung werden wieder geschätzt, kleine Pannen werden nicht mehr mit rotem Kopf, sondern mit nachsichtigem Lächeln übergangen. Kinder und ihre gelegentlichen Lebenszeichen sind keine liturgische Katastrophe mehr, sondern zeigen die Lebendigkeit einer Gemeinde.

Außer dem informellen Gruß durch Kopfnicken, Blickkontakt oder Händeschütteln kennt die Kirche auch den liturgischen Gruß: den Friedensgruß. In vielen Gemeinden ist es üblich geworden, den gewohnten Text „Der Friede sei mit dir!“ persönlich abzuwandeln, bei Feiern in kleinem Kreis wird manchmal geradezu der Gottesdienst unterbrochen, um dieses alte Zeichen sich ruhig entfalten zu lassen. Daß unter vertrauten Leuten dabei auch der uralte Friedenskuß wieder zu Ehren kommt, gehört zu den schönen Wiederentdeckungen unsrer Zeit.

In alten Aufzeichnungen der Predigt des hl. Augustinus in einer Art von früher Kurzschrift stehen auch die Zwischenrufe, Ausrufe und der Beifall der Zuhörer vermerkt. Wenn unsere Gottesdienste etwas von ihrer steifen Distanziertheit verlieren, kehren sie also nur zu einem früheren Stil zurück. Es wäre schön, wenn es uns immer mehr gelänge, Ehrfurcht und Würde der Handlung mit einer freundschaftlichen und herzlichen Atmosphäre zu verbinden.

Geheiligte Handlungen

Bisher war von den Umständen des geheiligten Tuns die Rede – wann, wo, wer und wie: Zeiten, Orte, Personen und deren Haltung sind die Grundbedingungen für unser Nachdenken über heilige Zeichen. Nun aber müssen unsere Überlegungen „zur Sache“ kommen. Es wird von nun an um unser Handeln, um unser Reden, um die Sachen und die Symbole gehen – also um das, wodurch sich Gottesdienst vollzieht.

Gerade in der katholischen Liturgie hat das Tun seit jeher einen besonderen Rang. Würden wir im Gottesdienst bloß reden oder bestenfalls zusätzlich singen, bliebe nur eine feierlichere Schulstunde in gehobenem Rahmen übrig. Indem wir aber im Gottesdienst handeln, kommt unser ganzes Menschsein zur Geltung. Denn ohne unsere Sinnlichkeit muß unser Menschsein verkümmern.

„Sinnlichkeit“ heißt hier, daß wir mit all unseren Sinnen – mit Sehen, Hören, Tasten, Schmecken und Riechen – in Beziehung treten: mit der Welt, den Dingen, mit der Natur, den Tieren und Pflanzen, und besonders mit den Menschen. Unsere Sprache verrät dies, wenn wir etwa sagen, daß wir einen Menschen „begreifen“ können. Das tiefste Erkennen kann in diesem Be-greifen liegen. Es ist nun allzu verständlich, daß wir in unseren Gottesdiensten versuchen, ebenso als ganzer Mensch zu leben und zu erleben. Unsere Haltungen und unsere Handlungen erlauben es uns, mit Leib und Seele Gott gegenüberzutreten.

Seit der Liturgiereform des letzten Konzils sind die Zeichen und Symbole, die Handlungen und Rituale unserer Gottesdienste ein wenig in den Hintergrund gedrängt worden. Teilweise berechtigt, weil es wohl auch manche unverständliche oder durch magisches Mißverständnis belastete Zeichen gab. Und weil durch die nun zugelassene Muttersprache das Sprechen und Singen mit neuer Freude betrieben wurde. Unberechtigt wäre es sicherlich, nun eine zeichenarme und unsinnliche Liturgie nach reformatorischem Vorbild anzustreben. Hier wird auch deutlich, warum etwa ein Rundfunkgottesdienst eine „leibhafte" Mitfeier nicht (oder nur unzureichend) ersetzen kann. Jeder Kranke, der auf diesen „Ersatz" angewiesen ist, wird das bestätigen. Für Gott wollen wir nicht nur „ganz Ohr", sondern „ganz Mensch" sein.

Kreuzzeichen

Wir Christen heiligen uns selbst, aber auch einander, mit dem Zeichen des Kreuzes. Eine Mutter, die ihrem Kind ein Kreuz auf die Stirne zeichnet, segnet dieses Kind. Wenn sie nun auch sich selbst die Stirn bekreuzigt, segnet sie sich selbst.

Um noch genauer zu sein, müßten wir an dieser Stelle sagen, daß natürlich nur Gott segnen kann und kein Mensch. Wenn wir von einem Menschen sagen – und sei es auch der Papst –, er segne sich oder einen anderen, dann meinen wir genaugenommen, daß er um den Segen Gottes bittet. Und wir können uns in der Gewißheit freuen, daß Gott solche Bitte annimmt und erfüllt.

Jedes Kreuzzeichen ist also eine Bitte um den Segen Gottes, um die Heiligung durch ihn. Deshalb sollten wir gern uns und andere mit diesem Zeichen – mit diesem heiligen Zeichen – heiligen. Der Segen der Eltern sollte deshalb zum christlichen Alltag gehören – sie sind sozusagen die „Priester der Hauskirche".

Neben dem schlichtesten Kreuzzeichen (an der Stirn) kennen wir zwei größere Formen.

Wenn wir drei Kreuze auf Stirn, Mund und Brust zeichnen, kann uns zweierlei bewußt werden: Einerseits wird der dreifaltige

Gott angerufen, andrerseits könnten wir daran denken, daß Gott unser Denken, unser Reden und unser Fühlen (Hirn, Mund und Herz) heiligen möge.

Das sogenannte „große“ Kreuzzeichen will den ganzen Körper und damit den ganzen Menschen mit dem Kreuz umfassen. Es müßte daher – wenn das ginge – vom Kopf bis zu den Füßen und von Schulter zu Schulter gezeichnet werden. Wenigstens sollten wir es als eine große und uns ganz umfassende Geste empfinden. Gott legt sein Siegel auf uns – wir sind sein Eigentum.

Seit der Liturgiereform gehen wir mit den Zeichen sparsamer – hoffentlich auch bewußter – um. Heute spüren wir, daß es etwa dem Augenblick der Wandlung eher angemessen ist, still auf die heiligen Gaben zu schauen, als mit Sprüchen, Kreuzzeichen und An-die-Brust-Klopfen innere Hektik zu zeigen. Besser wenige und bewußte als viele und gedankenlose Zeichen. Das gilt in besonderer Weise für jenes Zeichen, das sozusagen das Kreuz Jesu auf uns legt: Im Kreuz Jesu werden wir heil.

Segen

Obwohl im Grunde genommen ein jedes Kreuzzeichen eine Bitte um den Segen Gottes ist, ist es in unserer Kirche Brauch, den Segen mit feierlichen Gesten anzudeuten. Und das hat zweifellos sein Gutes: Der Segen wird dann etwas, das wir nicht selbst mit eigenem Tun zu bewirken scheinen, sondern etwas, das wir empfangen. Wer sich von Gott segnen und heiligen läßt, muß fähig sein, sich beschenken zu lassen.

Es gibt wohl keine gottesdienstliche Handlung in so vielen verschiedenen Ausprägungen wie den Segen: die häufigste Form ist das mit der rechten Hand in die Luft gezeichnete Kreuz; doch daneben gibt es den Segen mit Weihwasser, mit dem Allerheiligsten, mit einer Kreuzreliquie, ja sogar mit der Stola (Trauung), ferner die Handauflegung, das Ausbreiten der Hände; besonders feierlich der dreimalige Segen des Bischofs und der päpstliche Segen „Urbi et orbi" (über die Stadt Rom und den Erdkreis).

Eine im Mittelalter geübte und heute in der katholischen (nicht in der orthodoxen) Kirche so gut wie vergessene Form des Segens wurde mit einem Kreuz in der Hand erteilt. Diese Form könnte heute wieder sinnvoll belebt werden, wenn man etwa ein schönes

Kreuz am Ende der Trauung beim Segen verwendet und anschließend dem Brautpaar als Zeichen und Schmuck für die Wohnung mitgibt.

Neben der allgemeinen Form „Im Namen des Vaters, des Sohnes und des Heiligen Geistes“ gibt es noch vielerlei Abwandlungen und besondere Segensgebete, wenn Sachen, Gebäude, Einrichtungen usw. gesegnet werden sollen (im Volksmund „geweiht“). Ein altehrwürdiger und schöner Segensspruch findet sich im Alten Testament (Num 6, 24–26), der Aaronssegen. Wenn dieses Segensgebet im christlichen Gottesdienst verwendet wird, weist es uns zugleich auf die gemeinsamen Wurzeln unseres Glaubens mit dem Judentum hin.

Obwohl der Erstlingssegen eines neugeweihten Priesters (Primizsegen) nicht „mehr wert“ ist als irgendein anderer aufrichtig erbetener Segen, weist er dennoch auf etwas sehr Wichtiges hin: Es gibt wohl keine schönere Berufung für einen Menschen, als den anderen (und sich selbst) „zum Segen zu werden“.

Besprengen

Eine besondere Weise, sich oder andere zu segnen, besteht im Besprengen (oder Benetzen) mit Weihwasser. Die schlichteste Weise, sich selbst mit Weihwasser zu segnen, ist der Brauch, sich beim Betreten und Verlassen einer Kirche mit Weihwasser zu bekreuzigen. Leider ist die flüchtige Routine leicht dazu angetan, die tatsächliche Bedeutung dieser Geste zu verwischen.

Das Kreuz mit dem gesegneten Wasser sollte uns eigentlich an die eigene Taufe erinnern: Beim Betreten der Kirche erinnere ich mich daran, daß ich einmal den ersten Schritt in die Gemeinschaft der Kirche getan habe. Die Tauferinnerung beim Weihwassernehmen sollte eine kleine Tauferneuerung sein: Ja, es ist schön, zum Volk Gottes zu gehören und sich in seinem Haus daheim zu fühlen!

In manchen Gegenden ist es Brauch, das Weihwasser beim Betreten oder Verlassen der Kirche weiterzugeben – meist an die Familienangehörigen. Auch wenn der Ursprung vielleicht darin bestand, ein Gedränge beim Weihwasserbecken zu vermeiden – die Geste ist schön. Wir sind alle in der einen Taufe mit dem einen Gott verbunden. Ähnlich gut ist der Brauch in jenen Gegenden, in denen der Friedhof die Kirche umschließt: Dort verbinden viele den Meßbesuch mit einem kurzen Besuch beim Familiengrab und besprengen das Grab (der verstorbenen Angehörigen) mit Weihwasser. Gerade beim Totengedenken wird deutlich, daß im Wasser der Taufe jenes Leben geschenkt wird, das sogar dem Tod standhält. So erinnert auch das Besprengen des Sarges beim Begräbnis daran: Der Herr vollende an dir, was er in der Taufe begonnen hat.

Der volle Sinn des Weihwassers erschließt sich nur im Zusammenhang mit der Taufe – also beim Besprengen eines Christen. (So auch im heute kaum mehr üblichen „Asperges me" am Beginn des Sonntagsgottesdienstes.) Das Besprengen von Gegenständen, das in der Kirche erst ziemlich spät aufgekommen ist, hat keine weitere Bedeutung als die eines einfachen Segens: Wir erbitten Gottes Hilfe für die Benützer und bei der Benützung der gesegneten Dinge.

Letztlich gilt für das Weihwasser dasselbe wie für alle heiligen Zeichen: Nicht eine magische Kraft geht gleichsam automatisch von der Sache an, sondern unser Glaube und unser Gebet verweisen auf das, was sich im Zeichen zeigt: Gott wirkt zu unserem Besten.

Salben

Die Salbung ist ein Zeichen, daß sich heute wohl nicht mehr ohne Erklärung erschließt. Die Salbung der Priester und der Könige war dem antiken Menschen durchaus vertraut. Sie erinnerte ihn an die Gewohnheit, sich durch Salbung zu kräftigen (Athleten), zu heilen (Kranke und Verwundete) und anziehend zu machen (duftende Salben).

Ähnlich ist jene Salbung zu verstehen, durch die wir in das königliche Volk von Priestern hineingenommen werden – bei der Firmung. (Da Taufe und Firmung ursprünglich in einem gespendet wurden, ist die Salbung heute bei beiden Sakramenten üblich, bei der Firmung aber steht sie im Mittelpunkt der heiligen Handlung.) Über die Firmung hinaus äußert sich im Sakrament der Weihe die Berufung zu einem besonderen Priestertum. Deshalb wird bei der Priester- und Bischofsweihe die Salbung vollzogen.

Während bei den bisher genannten Salbungen die kräftigende Wirkung im Vordergrund steht, wird die heilende Kraft bei der Krankensalbung angedeutet: Gott schenke dem Kranken Heil. „Heil“ jedoch nicht bloß im Sinn der Heilung, sondern auch im Sinn dessen, was dem Menschen insgesamt zum Guten dient.

Im Laufe der Geschichte der gottesdienstlichen Riten wurde die Salbung nicht nur zur Heilung der Menschen, sondern auch zur Heiligung besonderer, dem Gottesdienst vorbehaltener Dinge angewandt. In diesem übertragenen Sinn durch Salbung Gott „geweiht“ werden etwa Kirchen, Altäre, Kelche und Glocken.

Solche an sich sinnvolle Bräuche begünstigen (leider) bei manchen Christen eine Unterscheidung, ja scharfe Trennung von Sakralem und Profanem. (Als ob nicht in Christus die gesamte Schöpfung erlöst und geheiligt wäre.)

Es ist gut, immer wieder darauf hinzuweisen, daß wir Christen alle Gesalbte sind: Wir tragen den Namen Christi („Christus“ = der Gesalbte). Es gibt daher keinen Christen guten Willens, der „mit ungesalbten Händen“ Heiliges „profanieren“ könnte. Zu Recht nennt Paulus alle Christen „die Heiligen“. In diese „Gemeinschaft der Heiligen“ hinein wurden wir bei Taufe und Firmung gesalbt.

Handauflegen

Zu den stärksten Gesten, die unsere Liturgie kennt, gehört das Auflegen der Hände, um ein Amt zu übertragen. Dieses Zeichen ist in sich so kraftvoll, daß es keine Erläuterung, keinen Kommentar und im Prinzip auch kein begleitendes Gebet braucht. Wer einmal bei einer Priesterweihe erlebt hat, wie in langer Reihe die anwesenden Priester den Weihekandidaten schweigend die Hände aufs Haupt legen, wie einer nach dem anderen die Kette der Amtsbrüder abschreitet und gleichsam mit Vollmacht beladen zum Altar zurückkehrt – wer dieses lange und stille Ritual erlebt hat, mag die Intensität gespürt haben, die in solchen Gesten liegt.

Seit der Apostelzeit wird das geistliche Amt durch die Handauflegung des Bischofs samt dazugehörigem Weihegebet übertragen. Alle Diakone, Priester und Bischöfe können sich solcherart als Glieder einer durch Handauflegung verbundenen Menschenkette verstehen, die bis auf die Apostel zurückreicht (die „apostolische Sukzession“).

Wer darin jedoch sozusagen ein klerikales Privileg sieht, irrt. Denn die Firmung – sie bedeutet, wenn man will, die „Weihe zum gemeinsamen Priestertum“ – wird ebenfalls mit Salbung und Handauflegung gespendet. Es können sich also die Geistlichen und die „freiberuflichen Christen“ durch das gleiche Zeichen der Bevollmächtigung verbunden wissen.

In den Frühzeiten der Kirche wurde auch die Versöhnung im Bußsakrament mit Handauflegung besiegelt. Mit dem Aufkommen der Beichtstühle und der Beichtgitter blieb davon nur mehr die erhobene Hand des Priesters übrig – ein zur Unkenntlichkeit verkümmertes Zeichen, das heute wiederbelebt wird.

Die Handauflegung beim priesterlichen Segen hat sich eigentlich nur mehr beim Primizsegen erhalten. Dennoch kann das Ausbreiten der Hände über die Gemeinde während des Segensspruches auch heute noch eine ausdrucksstarke Geste sein. Sie könnte uns daran erinnern, daß Gott seine Hand über unserem Leben hält, daß er unser Bestes will, wenn er an uns handelt (so bei der Taufe und der Krankensalbung). Kindern, Kranken oder Menschen im tiefem Leid gegenüber wäre dieses alte Zeichen sicher sinnvoll angewandt.

Waschen

Zu jenen Zeichen, die wohl keines Kommentars bedürfen, gehört die Waschung der Hände. Die Erinnerung an Pilatus und die Selbstverständlichkeit dieser Geste finden sich noch in der Redewendung „sich die Hände in Unschuld waschen". Die Unlogik, daß man als Unschuldiger des reinigenden Symbols gar nicht bedürfe, wird kaum bemerkt.

Die Händewaschung des Priesters zur Gabenbereitung mag wohl aus der Notwendigkeit entstanden sein, nach dem Entgegennehmen der überreichten Opfergaben die Hände zu reinigen – doch die symbolische Bedeutung ging sicher tiefer: Der Priester will vor der Opferfeier noch einmal innehalten, seine Schuld bereuen, um dann „mit reinem Herzen ins Allerheiligste einzutreten".

Händewaschungen bei anderen liturgischen Anlässen zeigen noch heute deutlich den praktischen Grund: nach der Austeilung der Palmzweige am Palmsonntag, nach der Erteilung des Aschenkreuzes am Aschermittwoch, nach Salbungen (wie bei der Firmung).

Ein Waschen ganz anderer Art ist die Fußwaschung am Gründonnerstag. Hier soll gezeigt werden, daß die Amtsträger der Kirche sich vor dem einfachen Gläubigen zum demütigen Dienst niederknien – nach dem Vorbild Jesu. „Demut" hat hier den alten Sinn: Mut zum Dienen. „Wer der Größte sein will, der sei euer Diener" (Mt 23, 11). Den anderen zu dienen und der Versuchung des Herrschens zu widerstehen, dazu gehört tatsächlich Mut.

Während die ersten drei Evangelisten beim letzten Abendmahl die Eucharistiefeier berichten, erzählt Johannes statt dessen von der Fußwaschung. Beide Ereignisse wurden seither im Gottesdienst der Christen zu ausdrucksstarken Riten, zu „heiligen Zeichen". Doch nur eines der beiden Zeichen gilt als Sakrament. Man könnte sich fragen, ob wir deshalb kein Sakrament der Fußwaschung kennen, weil wir noch immer zu viel herrschen und zu wenig dienen. Es mag sein, daß die alljährliche Fußwaschung am Gründonnerstag von der Herrschsucht der Christen das Jahr über Lügen gestraft wird.

Austeilen und Empfangen

Vom Austeilen, vom Erteilen und vom Spenden ist beim Gottesdienst oft die Rede. Sakramente werden gespendet, der Segen wird erteilt, die Hostien (aber auch Palmzweige, Kerzen usw.) werden ausgeteilt. Wie die Handlungen können auch die Worte zur Routine werden und vergessen lassen, daß es dabei um mehr geht als um die Organisation und die Verwaltung von Riten und Symbolen.

Ein Beispiel soll das deutlich machen: Heutzutage geht das Spenden der Eucharistie so vor sich, daß Brot in der Form kleiner, runder und vorgestanzter Plättchen (Oblaten) ausgeteilt wird. Die „Portionen" sind schon vorbereitet. Es wird nicht mehr (wie früher) ein großes, gemeinsames Brot sichtbar geteilt und hergeschenkt. Die Gründe hiefür sind jedem einsichtig. Die große Zahl der Gläubigen läßt nur wenig andere Möglichkeiten zu. Das Verfahren ist einfach und sozusagen „pflegeleicht". Doch die ursprüngliche Ausdruckskraft der Zeichen wurde geschmälert: Statt „geteilt" wird „ausgeteilt".

Der Vorgang des Teilens ist aus dem alltäglichen Vollzug der Eucharistie verschwunden. Und das ist schade. Er würde uns nämlich dauernd erinnern, daß das Teilen des täglichen Brotes etwas mit dem Christsein zu tun hat. Christen sind nicht solche, die durch ein perfektes Portionierungssystem jeder genau den gleichen Anteil erhalten, sondern solche, die gelernt haben, nach dem Vorbild Jesu miteinander zu teilen. (Und das hat eine Bedeutung, die bis ins Politische reichen darf.) Das verkümmerte Symbol im Gottesdienst weist auf eine verkürzte Weise des Christseins hin.

Ähnlich verhält es sich mit dem Wein: Aus praktischen – und durchaus verständlichen – Gründen wird kein Wein „ausgeschenkt". Ob das etwas mit unserer Unfähigkeit zu tun hat, zu schenken und uns beschenken zu lassen? Es ist jedem für Zeichen empfänglichen Christen eine Freude zu erleben, daß in Einzelfällen (Hochzeit, Hausmesse) wieder jener Kelch gereicht wird, von dem es heißt: „Trinkt alle daraus!" (Mt 26, 27)

Christus, der uns in der Erlösung geschenkt wurde, der sich uns in der Eucharistie immer wieder schenkt, könnte uns lehren, sowohl im Gottesdienst als auch im Alltag zu teilen und zu schenken.

Geheiligte Sprache

Vielerlei wird im Gottesdienst „zur Sprache gebracht". Und das scheint fürs erste eine einfache Sache zu sein: Die Sprache hat eine klare Bedeutung – so weiß jeder, was gemeint ist. Nichts einfacher also, als im Gottesdienst zu sprechen.

Dennoch ist es nicht so. Denn oftmals gibt es für ein Wort vielerlei Bedeutungen, manche Schattierungen und Akzente – je nach Zusammenhang. Weiters ist nicht jeder Text gleich und wörtlich gemeint. Der gleiche Satz kann in einem nüchternen Bericht anderes meinen als in einer hymnischen Dichtung. Und im Laufe der Zeit haben Worte immer wieder ihren Sinn gewechselt. (Es sei nur an die „Hölle" im alten und an das „Reich des Todes" im neuen Text des Credo erinnert.)

Käme ein fremder, mit unsrer Religion nicht vertrauter Besucher in einen unsrer Gottesdienste, er wäre schon deshalb verwirrt, weil ihm die jeweils anderen literarischen Weisen des Sprechens nicht sofort klar würden. Schon der Priester als „Hauptsprecher" der Liturgie spricht in verschiedenen Redeweisen, je nachdem, ob er die Gemeinde freundlich begrüßt oder die Wandlungsworte spricht, ob er im Gebet das Wort an Gott oder in der Predigt an die Gemeinde richtet, ob er aus der Heiligen Schrift vorliest oder die Gemeinde über Veranstaltungen der nächsten Zeit informiert. Ein Scherzwort zur Verabschiedung am Ende des Gottesdienstes kann die Atmosphäre locker und heiter machen – im Hochgebet der Messe wäre dies unangebracht.

Die Sprache steigert sich zu größerer Feierlichkeit, wenn man einen Text rezitiert oder singt, wenn er vielleicht durch Mehrstimmigkeit oder Instrumentalbegleitung hervorgehoben wird. Aber auch die freie Rede, Rede und Antwort und der Sprechchor haben ihre Rolle im Gottesdienst. Und wenn auch nicht immer alles allen verständlich ist (wie bei lateinischen und griechischen Texten) oder nicht alles im Detail mitgedacht werden kann (wie beim Glaubensbekenntnis) – so werden das Sagen und das Gesagte selbst zum Symbol des Einverständnisses mit Gott und mit der Gemeinde.

Ins Gebet nehmen

Beten

Wenn eine gläubige Gemeinde oder einer ihrer Sprecher ein Gebet spricht – also das Wort an Gott richtet –, stellt sich dem Nachdenklichen eine ganze Reihe von Fragen: Kann man Gott überhaupt etwas sagen, was er nicht ohnehin schon wüßte? Erreichen ihn überhaupt unsere Worte? Wenn ja – bewirken sie etwas? Ist es erfolgversprechend, an Gott Bitten zu richten? Und soll man das überhaupt? Weiß nicht Gott am besten, was gut ist für uns? Sind nicht unsere Gebete kaum verhüllte Selbstgespräche? Sagen wir uns nicht selbst etwas vor – eingekleidet in die Form der Anrede an Gott?

Ohne all diese Fragen nun im einzelnen beantworten zu wollen, soll hier doch deutlich werden, daß es verschiedene Weisen des Betens gibt, in denen es nicht nur darum geht, das Wort an Gott zu richten, sondern sich seine Sorgen und Freuden, aber auch die gemeinsamen Anliegen „ins Gebet zu nehmen". Daß dabei manches, was auf Gott hin ausgesprochen wird, auch der Gemeinde gilt oder sozusagen sich selbst vorgesagt wird, entwertet das Gebet als religiöses Tun keineswegs. Wie ja auch ein Gespräch zwischen Menschen nicht nur dazu dient, dem anderen etwas zu sagen, was er bisher nicht wußte.

Auch im zwischenmenschlichen Bereich sagen und bekräftigen wir Dinge, die der andere schon weiß. So geht es in der Klage, im Trost, im Sich-Aussprechen oder wenn wir einem Menschen sagen, wie sehr wir ihn mögen, nur selten um eine Information. Es tut uns und anderen gut, uns im Reden zu entlasten und andere aufrichten zu können. Solch vertrautes Reden ist wie gesprochene Zärtlichkeit.

So sehr das persönliche (private), sozusagen intime Beten eine vertraute und gefühlsstarke Sprache braucht, so schwierig wird das beim öffentlichen Gebet im Gottesdienst. Denn was für den einzelnen in seiner Beziehung zu Gott ehrlicher Ausdruck sein kann, muß nicht für die ganze Gemeinde zutreffen. Ein redliches persönliches Gebet kann in der Öffentlichkeit peinlich wirken. Im Namen der Gemeinde und vor ihr zu beten sollte daher mit viel Takt und Einfühlungsvermögen geschehen.

Singen

Eine alte Volksweisheit sagt, daß jenem, dessen Herzen voll ist, der Mund übergeht. Wenn wir von einer Erfahrung sehr erfüllt sind, drängt es uns, diese Erfahrung mitzuteilen. Wenigstens wollen wir jemandem erzählen, was uns so sehr bewegt. Manches möchten wir geradezu herausschreien, verkünden, jubeln, singen.

Es ist eigenartig, daß es diese Erfahrung nicht nur bei freudigen Anlässen gibt, sondern auch bei traurigen. Der Singsang der Klageweiber, das tröstliche Lied, der Trauerchoral – das mag manchen an eine Mutter erinnern, die ihr weinendes Kind summend beruhigt oder in den Schlaf singt (falls es das heute noch gibt). Neben den vielen anderen Seiten der Musik ist ihre Fähigkeit zu trösten ein besonderes Geschenk.

Seit altersher wird in den Gottesdiensten auf verschiedene Weise gesungen: vom Priester oder Diakon, von einem Kantor oder einer Schola, von der Gemeinde oder dem Chor, einstimmig oder mehrstimmig, in Strophen, Psalmen mit Kehrversen, mit oder ohne Instrumente. So gibt es von der schlichtesten Form ohne Gesang (bei Wochentagsmessen) bis zur feierlichsten Form mit Volk, Chor und Instrumenten viele Abstufungen.

Es ist auffallend, daß es Gemeinden mit sehr unterschiedlicher Freude am Singen gibt. In manchen Kirchen sitzen die Besucher mit gelangweilten Gesichtern vor zugeklappten Gesangbüchern, während die Orgel ein paar dünne Stimmen begleitet. An anderen Orten wird mit hörbarer Begeisterung gesungen. An diesen Unterschieden mögen die akustischen Verhältnisse, die örtlichen Gewohnheiten, das Können der Kantoren und Organisten ihren Anteil haben. Doch ist es auch die Aufgabe des Priesters, zum Mitsingen zu ermuntern, auf Besonderheiten der Texte oder der Melodien hinzuweisen und die Verbindung zwischen den gewählten Liedern und den Texten der Liturgie bewußt zu machen.

Daß ein gesungenes Lob Gottes sich jedoch nicht im Absingen eines Musikstückes erschöpfen darf, weiß der alte Liedtext: „Nun danket alle Gott mit Herz und Mund – und Händen.“ Das beste Loblied ist die Tat.

Sprechchor

Wenn wir von Sprechchören hören oder lesen, denken wir am ehesten an Demonstrationen und politische Veranstaltungen. Wenigen ist jedoch bewußt, daß wir auch in unseren Gottesdiensten in Sprechchören Gott anrufen, dem Priester antworten oder unseren Glauben bekennen. Da es sich meist um vertraute Texte handelt, die man auswendig kann, schleicht sich hier leicht Gedankenlosigkeit ein. (Eher selten werden im Chor Texte gelesen. Der gemeinsame Sprechrhythmus stellt sich bei unbekannten Texten erst zögernd ein.)

Der kürzeste Sprechchor ist wohl das zustimmende und bekräftigende „Amen": Ja, so ist es. So soll es sein. Die Erwiderung auf den liturgischen Gruß „Der Herr sei mit euch!" (wie auch beim Friedensgruß) heißt zwar ein wenig umständlich „Und mit deinem Geist!", bedeutet aber in einer nicht so feierlichen Sprache dasselbe wie ein schlichtes „Ebenfalls".

Die am häufigsten im Chor gesprochenen Texte sind die drei Hauptgebete: Vater unser, Gegrüßest seist du Maria, Im Namen des Vaters ... Diese Gebete sollte wohl ein Kind in einer gläubigen Familie wie selbstverständlich mitlernen, wenn es beim Gebet der Großen dabeisein kann. Doch gerade in der Familie stellt sich durch die Gewohnheit leicht ein flüchtig-ungenaues Sprechen ein. Beim gemeinsamen Beten sollte man daher im Tempo und in der Aussprache so verfahren, daß auch Kinder und fremde Besucher die Gebetstexte so verstehen, wie sie gemeint sind. Die Assoziation von Ratschen und Gebetsmühlen sollte bei unseren Gebeten niemandem kommen.

Ein Sonderfall ist das Glaubensbekenntnis, eigentlich gar kein Gebet im engeren Sinn, sondern das öffentliche Bekennen eines gemeinsamen Glaubensprogramms. Es ist auch Anlaß, sich selbst seines Glaubens zu erinnern und vielleicht einmal – Punkt für Punkt – durchzugehen, was einem Christen wichtig ist. Vor dem Hochgebet der Messe beantworten wir die Aufforderung „Erhebt die Herzen!“ – eine Kurzformel dessen, was Gebet heißt – mit einem hoffentlich nicht gedankenlosen „Wir haben sie beim Herrn.“

Chorgesang

Der allerletzte Psalm (Ps 150), Abschluß und Krönung des alttestamentlichen Liederbuches, singt ein Lob des Lobes. „Lobt ihn", heißt es da, „mit dem Schall der Hörner, mit Harfe und Zither, mit Pauken und Tanz, mit Flöten und Saitenspiel." Das schönste Instrument, das dem Menschen zur Verfügung steht, ist jedoch seine Stimme. Vereint mit jenen Instrumenten, die er sich gebaut hat, ergibt sich ein vielstimmiges Lob: „Alles, was atmet, lobe den Herrn!" (Ps 150, 6)

Früher war man in der Kirche strenger, wenn es galt, durch Ein- und Mehrstimmigkeit, durch das Verbot oder den Gebrauch der Instrumente die verschiedenen Festzeiten oder die Höhe der Feste anzudeuten. Lange Zeit hindurch hatten etwa in der Leidenszeit die Instrumente zu schweigen. Heute ist man hierin auch deshalb nicht mehr so streng, weil man sonst auf viele schöne Musikwerke verzichten müßte, die gerade in der Fasten- und Passionszeit ihren Platz haben. (Manches davon kommt aus der evangelischen Musiktradition und ist inzwischen auch uns Katholiken liebgeworden.) Doch wenn auch die Bräuche nicht mehr alles eng regeln – wir erleben das Festliche, wenn „mit Pauken und Trompeten" musiziert wird.

Der Typus des barocken Hochamts ist genaugenommen der eines in Jahrhunderten gewachsenen Gesamtkunstwerkes. Viele, zum Teil anonyme Menschen, Liturgen, Künstler haben – ohne es zu merken – an einer solchen umfassenden Schöpfung mitgewirkt. Die Sinnlichkeit eines solchen Hochamtes ist derart umfassend, daß sogar das Riechen (im Weihrauch) beteiligt ist. Dieses „Fest der Sinne“ mit Einbeziehung so vieler Künste (Architektur, Musik, Literatur, Schauspiel, Kunsthandwerk vom Schneider bis zum Goldschmied, bildende Kunst u. v. a.) war jedoch keineswegs ohne Beteiligung der Gemeinde denkbar. Wenigstens die damals allen vertrauten lateinischen Antworten wurden von allen gesungen.

Die Formen wandeln sich. Liturgie ist kein museales Nachmachen althergebrachter Gewohnheiten. Vielmehr will der Gottesdienst mit alten und neuen Hervorbringungen menschlicher Gestaltungskraft einstimmen in das vielstimmige Lob der Schöpfung auf ihren Schöpfer.

Ansprache

Schon in den frühesten Nachrichten über christliche Gottesdienste wird die Predigt erwähnt, und selbst Paulus war nicht davor gefeit, durch eine überlange Predigt Zuhörer in Schlaf zu versetzen (Apg 20, 9). Die Botschaft des Neuen Testamentes war vor ihrer Niederschrift zuerst einmal mündliche Verkündigung, so daß man viele Teile, vor allem der Evangelien, als aufgeschriebene Predigt lesen kann. Je weiter die Ereignisse um Jesus und die Apostel zurücklagen, desto mehr wurde die Predigt auch als Schriftauslegung wichtig. Zu Recht hat deshalb heutzutage die Predigt vor allem den Zweck, den nun schon fast zweitausend Jahre alten und deshalb nicht immer sofort verständlichen Text in die Gegenwart hinein zu „übersetzen“. Dieses Hinübersetzen der biblischen Botschaft vom einen Ufer der Zeit der Bibel zum anderen Ufer der Jetztzeit erfordert vom Fährmann – vom Prediger – eine Vertrautheit mit beiden Ufern. Also sowohl theologische Bildung als auch Lebensnähe und heutige Sprache. (Vielleicht bringt diese Überlegung manche Christen dazu, als Zuhörer etwas nachsichtiger zu sein.)

Art und Stil der Predigt kennen verschiedene Abstufungen. Die Festpredigt, die Kanzelrede, die literarische Predigt markieren die besonders anspruchsvolle Seite. Andrerseits gibt es auch die schlichte Kurzansprache, die vielleicht auch locker und im Plauderton vorgetragene Predigt im kleinen Kreis. Sowenig eine aufwendige Rhetorik bei einer Hausmesse angebracht ist, sowenig sollte man beim Osterhochamt im „Kammerton" predigen. Neuerdings gibt es auch mancherlei Predigtformen (Dialogpredigt, Bildmeditation usw.), die in den Gottesdienst mehr Leben und mehr Anschaulichkeit bringen. Vernachlässigt wird zur Zeit – wohl auch, weil sie besonders schwierig ist – die Kürzestpredigt (als Meditationsimpuls). Eine Anregung in einer Minute mit anschließender Nachdenkpause wäre gerade im schlichten Wochentagsgottesdienst wertvoll.

Doch helfen alles Studium, alle Beredsamkeit und aller Fleiß wenig, wenn die innere Überzeugung nicht spürbar wird. Lieber ein stotternder Prophet als ein routinierter Schwindler.

Vorlesen und Zuhören

Vorgelesen (im engeren Sinn) werden im Gottesdienst fast nur Bibeltexte. Denn das Gebet aus den liturgischen Büchern oder aus vorher verfaßten Texten richtet sich – wenigstens zuerst – an Gott. Hingegen richten sich die Bibeltexte als „Wort Gottes" an uns. Uns werden sie vorgelesen. Bei besonders feierlichen Anlässen sogar vorgesungen. (Was sie dann geradezu auf die Ebene einer Dichtung oder eines Hymnus hebt. Und bei manchen Bibeltexten – z. B. Joh 1 – trifft das auch tatsächlich zu.)

Im Vorlesen liegt ein wesentliches Problem begründet: Hier wird Sprache nicht in ihrer ursprünglichen Form angewandt. Denn nur der freien Rede, der spontan formulierten Sprache gelingt es, ohne alle Umwege „anzusprechen". Die lebendige Sprache und die gesprochene „Schreibe" haben verschiedene Wirkweisen. (Weshalb es auch zur hohen Kunst des Schauspielers gehört, einen vorher fixierten Text so zu sprechen, als wäre er ihm eben erst eingefallen.) Kurz gesagt: Beim Vorlesen geraten wir leichter in Langeweile als bei einer direkten An-sprache, der direkten Rede.

Wenn im Gottesdienst fremde Texte (Verkündigungen, Hirtenbriefe) vorgelesen werden, spüren wir das oft: Es fällt schwer, aufmerksam zu bleiben. Manche Prediger greifen deshalb zu der Methode, über einen Bischofsbrief mit eigenen Worten zu predigen und nur den einen oder anderen Teil daraus vorzulesen. Bei den Bibeltexten (in Lesung und Evangelium) fällt uns die Aufmerksamkeit um so schwerer, je länger und je bekannter uns die Stelle ist. Eine ungewohnte Übersetzung kann uns jedoch aufhorchen lassen. Hier führt das Wort Gottes einen mühsamen Kampf gegen die Textüberflutung durch die heutigen Medien. Und viele Menschen erliegen der oberflächlichen Spannung unserer audiovisuellen Umwelt und verlieren das Gespür für die innere Spannung der Bibeltexte. Deshalb wird es wohl nicht darum gehen, die Bibel zu „modernisieren", indem man sie mit der schalen Spannung der Bewußtseinsindustrie ausstattet (als Comic, im Alltagsslang, durch sprachliche Reizmuster usw.), sondern wir müssen lernen hinzuhorchen. Um es im Sprachspiel von „Hören und Horchen" zu sagen: Wir müssen nicht nur Hörer, sondern auch „Horcher" des Wortes werden. Und dann Täter.

Schweigen

Wenn im Gottesdienst Stille eintritt, meinen viele Menschen, es gäbe eine Panne, der Pfarrer wüßte nicht weiter oder so ähnlich. Es ist schade, daß die Stille in unseren Gottesdiensten selten ist. Und ebenso schade, daß nur wenige mit ihr etwas anzufangen wissen. Dabei gibt es einige Stellen, wo das Schweigen alte Tradition hat: die Wandlung und jeweils die kurze Zeit nach dem „Lasset uns beten". Letzteres soll als „Orationspause" der Sammlung der Gemeinde und ihres Sprechers dienen, bevor der eigentliche Gebetstext beginnt. Eine andere sinnvolle Stille bietet sich nach der Predigt an – um das eben Gesagte noch ein wenig zu bedenken. In den Wochentagsmessen, vor allem wenn nicht gesungen wird, wird es an mehreren Stellen still sein – und es gibt viele Menschen, die gerade in der Hektik der Arbeitswoche solche Atempause als wohltuend empfinden. Es wäre schlimm, wenn es auch in unseren Gottesdiensten zu einer Betätigungshektik und zu liturgischem Streß käme.

Das Schweigen, um das es hier geht, ist kein bloßes Nichtreden oder Nichtsingen. Es sollte ein erfülltes Schweigen sein, ein Schweigen, das gut tut. Um das zu bedenken, soll über besondere Arten des Schweigens nachgedacht werden.

Es gibt ein verstörtes Schweigen. Es tritt ein, wenn uns etwas gestört und verstört hat, wenn wir irritiert sind. Eigentlich sind wir verletzt oder wenigstens verunsichert. Und manchmal hat das auch sein Gutes – wir beginnen nachzudenken ...

Es gibt auch ein peinliches Schweigen. Peinlich in dem Sinn, daß es uns Pein, Schmerz bereitet. Wir spüren im Ungesagten die Provokation, vielleicht sogar den Willen zur Verletzung. Wir wehren uns dagegen: oberflächlich, wenn wir darüber hinwegreden – gründlich, wenn wir der Sache auf den Grund gehen.

Es gibt ein nachdenkliches Schweigen. Etwa wenn wir einen Gedanken nach-denken. Wir spüren, daß dieses Nachsinnen not tut, damit wir nicht über die wirklich wichtigen Dinge des Lebens hinweghuschen.

Und dann gibt es ein erfülltes Schweigen. So wenn sich der Mensch eins weiß mit sich, mit der Natur, mit einem geliebten Menschen, mit Gott.

Geheiligte Gegenstände

Wir sind gewohnt, im Gottesdienst verschiedene Geräte und Sachen zu verwenden, die gewöhnlich aus dem alltäglichen Gebrauch übernommen sind. Obwohl wir auch im Alltag Brot und Wein konsumieren, würde es uns stören, wenn der Priester eine Scheibe von einem Laib Brot abschnitte und aus einer Doppelliterflasche den Wein in den Kelch gösse. Wir wollen an den Gegenständen der Liturgie sehen, daß der Gebrauch dem Alltag entzogen ist. Und wenn einmal eine große Menge Wein für die Kelchkommunion vieler Menschen benötigt wird, dann sollte sie wenigstens aus einem schönen Krug in die Kelche oder Becher gegossen werden. Unser Empfinden für das Besondere der heiligen Handlung hat recht: Die Sachen des Alltags werden durch den Gebrauch im Gottesdienst geheiligt. Aber noch mehr: Wir können durch sie geheiligt werden. Und das macht das Ereignis zum „Sakrament", zu einem „heiligmachenden Tun". (Bei kleineren Handlungen ähnlicher Art spricht die Überlieferung von „Sakramentalien".)

Es ist schade, daß durch jahrhundertelange Stilisierung manche Sachen und Geräte bis zur Unkenntlichkeit verfeinert wurden. So würde ein Unkundiger in der Hostie kaum das Brot und in manchem liturgischen Kleidungsstück barocken Stils kaum mehr den ursprünglichen Zweck erkennen. Daß wir uns neuerdings wieder mehr darum bemühen, daß uns die „Zeichen" auch tatsächlich etwas „zeigen", ist gut.

Manche Bedeutungen erschließen sich leicht im Gebrauch – etwa Brot und Wein, Instrumente, Gewänder, der Weihrauch. Man braucht nur mit einigem Einfühlungsvermögen nachzudenken, so wird wenigstens ein gewisses Grundverständnis von selbst entstehen. Manche Sachen hatten ursprünglich weniger eigenständige Bedeutung, wuchsen sich aber mit der Tradition zu starker eigener Symbolik aus. So war der Kelch wahrscheinlich zuerst einmal ein schlichtes Trinkgefäß, etwa ein Becher, weil man den Wein nicht gut aus der hohlen Hand trinken konnte. Dennoch (und zu Recht) erkennen wir heute im Kelch eines der starken und wichtigen Zeichen im christlichen Kult.

Bei manchen Anlässen – so bei Hausmessen – ist es auch ganz gut, Dinge des alltäglichen Gebrauchs sozusagen von Gott in den Dienst nehmen zu lassen. Vielleicht dient von da an etwa ein zur Messe verwendeter Weinkrug als Stück einer Familientradition für besondere Feste.

Brot und Wein

Brot und Wein gehören sicherlich zu den ältesten und kräftigsten Zeichen. Essen und Trinken sind Symbol für das, was wir zum Leben brauchen. Und zum Leben brauchen wir mehr: Schon das Alte Testament wußte, „daß der Mensch nicht nur von Brot lebt, sondern daß der Mensch von allem lebt, was der Mund des Herrn spricht“ (Dtn 8, 3). Im Bild der Versuchung Jesu wird die Weigerung, Steine in Brot zu verwandeln (Mt 4, 1–4), zur Absage an alle, die im Konsum das einzige „Lebensmittel“ sehen. Für den Christen wird in der Eucharistie Jesus zum „wahren Lebensmittel“: „Brot für das Leben der Welt“ (Joh 6, 51).

Beim Nachdenken über „Brot und Wein“ als gemeinsamem Symbol fällt auf, daß wir auch von „Brot und Wasser“ reden. Jemanden, etwa in Gefangenschaft, von Brot und Wasser leben zu lassen, bedeutet, ihn zwar nicht zu töten, ihn aber auch nicht richtig leben zu lassen. „Zuviel zum Sterben und zuwenig zum Leben“ sagen wir und meinen auch damit, daß der Mensch nicht vom Brot allein lebt. „Vegetieren“ nennen wir das, das sei ja kein richtiges Leben – ohne Freiheit, ohne Liebe, ohne Freude.

Puristen haben sich gelegentlich daran gestoßen, daß Jesus den Wein, also ein berauschendes Getränk, in den Mittelpunkt der Eucharistie stellt. Brot und Wasser hätten auch gereicht, meinen sie. Doch gerade da entfaltet sich eine Sicht des Symbols, die weithin übersehen wird. In den Zeichen von Brot und Wein wird uns kein asketisch-puritanisches Zeichen des Weltverzichtes gegeben, sondern ein Zeichen der Lebensbejahung, des Lebensgenusses. Daß der Wein froh machen kann, daß wir mit ihm Feste feiern, ja das Leben überhaupt feiern können, ist mit diesem Symbol mitgemeint. Die Eucharistie feiert die Vitalität (vita = Leben) der Christen. Sogar die Vitalität über den Tod hinaus. Im Wissen, daß Liebe den Tod überwindet (1 Joh 3, 14), sprachen schon die frühen Christen vom „Liebesmahl" (Agape).

Wie alt die Symbolik von Brot und Wein ist, kann bereits in den Psalmen nachgelesen werden (Ps 104, 15). Dort wird Gott gelobt, weil das Brot „das Menschenherz stärkt" und der Wein „das Herz des Menschen erfreut". So gibt uns die Bibel schon Jahrhunderte vor Christus eine Auslegung dessen, was die heiligen Zeichen meinen.

Kelch und Schale

Eigentlich könnte man ja meinen, es komme auf den Inhalt an und nicht auf das Gefäß. Aber das macht eben aus alltäglichen Handlungen kultivierte, aus dem einfachen Leben eine Kultur und aus den religiösen Verrichtungen den Kult, daß wir unser Tun verfeinern und pflegen (colere = pflegen). Die Kultur unseres Kultes kann man daran messen, wie „gepflegt" wir im Gottesdienst mit Gott, mit den anderen, aber auch mit den Dingen umgehen.

In Zeiten, die den materiellen Wert allzu hoch bemessen, besteht die Gefahr, auch den Gottesdienst „teuer" und kostspielig zu gestalten. Jahrhundertelang waren kostbare Materialien für die heiligen Gefäße vorgeschrieben. Die Gemeinden überboten einander im Aufwand an Edelsteinen und Goldschmiedekunst. Heute sehen wir solchen „religiösen Luxus" kritischer. Und es stimmt sicher, daß nicht der Preis und das Material, sondern die schöne Form dafür entscheidend ist, ob ein Gerät für den Zweck taugt. Die Mühe und die Sorgfalt ehren Gott, nicht der materielle Wert.

In früheren Zeiten wurden sowohl für den Wein als auch für die Hostien Kelche verwendet. Letztere waren mit einem Deckel versehen, oft mit einem kleinen Mantel geschmückt. Heute werden für das Brot eher Schalen benützt. Das hat den Vorteil, daß während der Messe nicht mehrere Kelche unterschiedlicher Art auf dem Altar stehen. So können wir auch an der äußeren Form deutlich sehen: die niedrige Schale ist ein Brotgefäß, der höhere Kelch ist zum Trinken da. So bestimmt die Funktion auch die Form, die Gefäße „zeigen“ auf ihren Inhalt hin und werden so zu „Zeichen“.

Auch die Form der Trinkkelche selbst hat sich in der letzten Zeit verändert. Während früher nur ein Schluck Wein für den Priester eingeschenkt wurde, soll heute auch die Kelchkommunion mehrerer Kommunikanten möglich sein. Deshalb die größere Fassungskraft neuerer Kelche. (Womit man nur zu älteren Formen zurückkehrte. Man denke an den berühmten Tassilokelch.)

Ein heute nicht mehr so häufig verwendetes Gerät ist die Monstranz. In jenen Zeiten, in denen die Gläubigen nur selten zur Kommunion gingen, war das Anschauen der Hostie ein gutgemeinter Ersatz. Heute wird weniger gezeigt (monstrare = zeigen), dafür aber häufiger kommuniziert. Was dem Wesen des Brotes als Speise entspricht.

Buch

Vor dem Verlesen des Evangeliums gibt es in der feierlichen Liturgie eine regelrechte Prozession. Der Priester oder der Diakon trägt das Evangelienbuch (mit den ausgewählten Bibeltexten) zum Ort der Verkündigung, begleitet von Ministranten, beim Hochamt sogar unter Verwendung von Weihrauch. Damit wird jenes Buch ausgezeichnet, das für die Christen ein heiliges Buch ist, ein Buch, in dem Gott das Wort ergreift. Wie eine Kostbarkeit soll die Bibel behandelt werden – ein „heiliger Wortschatz".

Seit altersher gibt es für die Verkündigung des Gotteswortes einen eigenen Ort – Ambo, Pult oder Kanzel. So hat jeder der beiden Teile der Messe einen eigenen Ort: im Wortgottesdienst der „Tisch des Wortes", im Opfergottesdienst der „Tisch des Brotes". Nur bei schlichten Feiern und bei beengten Verhältnissen soll auf diese Trennung verzichtet werden. Der Brauch in manchen Gemeinden, die Bibel im Gotteshaus aufgeschlagen liegen zu lassen, weist auf diese Gegenwart Gottes in seinem Wort hin. Auch in unseren Häusern und Wohnungen kann diese Gegenwart spürbar werden, wenn wir in der Heiligen Schrift lesen. Der Ehrenplatz im Bücherschrank steht sicherlich diesem Buch zu.

Eigentlich gibt es in der Messe nur zwei Bücher: das Lektionar mit den Bibeltexten und das Meßbuch für die Gebetstexte. So wird auch an den Büchern deutlich, wer jetzt gerade zu Wort kommt: Gott oder die Gemeinde. Zusätzlich werden oft für die Fürbitten, für einzelne Texte oder die Verkündigungen aus dem Pfarrleben eigene Bücher verwendet. Das sollte nicht dazu führen, daß der Priester in einem Stapel scheinbar beliebiger Bücher herumkramt oder gar mit fliegenden Blättern hantiert. Auch selbstgeschriebene Texte lassen sich in einer Mappe zu einem kleinen Buch sammeln. So bekommt der Gottesdienst Form und Stil. Der Umgang mit Papier und Büchern am Altar sollte jene Sorgfalt zeigen, die einer heiligen Handlung angemessen ist.

Manchem mag dies alles ein wenig übertrieben erscheinen. Doch soll bedacht werden, daß unsere Religion eine Buchreligion ist und wir in einer dadurch geprägten literarischen Kultur leben. Die Sprachgeschichte zeigt den Rang des Buches: „Bibel" heißt nichts anderes als „Buch". Das macht den Christen zum „bibliophilen" Menschen.

Gewand

In manchen Berufen haben sich verschiedene Amtstrachten erhalten, und in unsrer Sprache gibt es noch die merkwürdige Formel: „ein Amt bekleiden“. Wenn ein bestimmtes Gewand auf eine Funktion oder ein Amt hinzeigt, wird es zum Zeichen. Das Gewand nimmt dann seinen Träger in die Pflicht – es verpflichtet. Kinder fällt diese Verwandlung durch das Gewand manchmal auf. So etwa, wenn der lustige Jugendkaplan als würdiger Zelebrant aus der Sakristei kommt. So richtig es ist, daß ein Amtsträger in Ausübung seines Amtes eine gewisse Würde ausstrahlt, so wichtig ist es auch, daß er dabei seine Menschlichkeit – also auch seinen Humor – nicht verliert. Die Herzlichkeit mancher Amtsträger bewirkt, daß wir ihre Würde nicht als befremdlich empfinden. Und das ist gut so.

Die Kleidung der Amtsträger im Gottesdienst (Priester, Diakon, Ministranten, manchmal Kantor und Mesner) ist auch dadurch bedingt, daß wir in großen Kirchen auf weite Entfernung sehen wollen, was vorne vorgeht. Gerade die Priesterkleidung sollte deshalb auch darauf Bedacht nehmen, wie sie aus der Entfernung wirkt. Die Ausgestaltung festlicher Gewänder ist ein Teil unsrer liturgischen Kultur. Früher hat man gern zahlreiche Details durch Web- und Stickkunst angebracht. Heute zieht man großflächige Gestaltungsformen vor. Schönes Material und gelungene Formen sind wichtiger als die Überfrachtung mit Zeichen und Symbolen, die dadurch leicht entwertet werden (z. B. das Kreuz). Auch die Abstimmung der Gewänder aufeinander, aber auch auf die Formensprache des Kirchenbaus soll nicht vergessen werden. Festliche Gottesdienste mit mehreren Amtsträgern sollten auch hinsichtlich ihrer Gewänder harmonieren.

Wichtig ist ferner die Abstufung in der Festlichkeit der Gewänder. Bei Messen in kleinem Kreis, etwa bei Hausmessen, wird man auf liturgische Kleidung weitgehend verzichten können – die Stola ist eine Art bescheidenster Amtstracht für Priester. Doch auch den Unterschied zwischen Wochen- und Sonntagen sollte man nicht übersehen. Es ist schade, daß in manchen Gemeinden ein weißes Gewand mit Stola in der jeweiligen Tagesfarbe zur Spar- und Einheitskleidung der Priester geworden ist. Das Meßgewand wäre hier eine Möglichkeit, Sonn- und Feiertage hervorzuheben.

Glocken

Die meisten Kirchen stehen selbstbewußt im Land und senden eine optische und eine akustische Botschaft in die Welt. Die sichtbare Botschaft in Gestalt des Turmes, der nach der Deutung des Volkes in den Himmel, auf Gott hin, weist – die hörbare Botschaft mit den großen Kirchenglocken, um die Gemeinde zum Gottesdienst oder zum täglichen Gebet zu rufen. Es ist wichtig zu bedenken, daß sich diese Botschaft auch an fernstehende und ungläubige Menschen richtet. Diese Botschaft soll einladen, erinnern und werben – sie soll nicht verärgern.

Glocken sind eigentlich Musikinstrumente. Die großen Kirchenglocken sind meist auf einen Akkord gestimmt. (Der geübte Organist wählt daher bei festlichen Anlässen, wenn sich Orgelspiel und Glockenklang vermischen, die zur Glockenstimmung passende Tonart.) Doch auch die Altarglocken werden manchmal (am Gründonnerstag und in der Osternacht – vor und nach ihrem Verstummen) gleichzeitig mit Orgel und Gesang geläutet. Bei Prozessionen verbreiten die Glokken der Ministranten eine eigene Atmosphäre der Feierlichkeit.

Im sonntäglichen Gottesdienst dienen die Altarglocken dazu, am Beginn und an bestimmten Stellen Zeichen zu geben – für den Organisten, für die Gemeinde. Seit der Liturgiereform konnte man mit den Glockenzeichen sparsamer werden, weil ja nun für alle sichtbar und hörbar geschieht, was früher verborgen, unverstanden und oft durch Singen und Beten überdeckt war. Trotzdem sollte gerade das nun selten gewordene Läuten bewußt und klangschön geschehen. (Daß gerade in manchen Konzertsälen in den Pausen mit Summ- und Schnarrzeichen zur Fortsetzung des Konzerts gebeten wird, zeigt den allgemeinen Kulturverlust in den kleinen Zeichen des Alltags.)

Auf alten Bauernhäusern im Alpenland sieht man noch gelegentlich die kleinen Türmchen mit jenen Glocken, die früher vom Feld zum Essen riefen. Heutzutage läßt man sich an der Haus- und Wohnungstüre eine elektrische Klingel mit Gongtönen montieren. Und wenigstens die Hochzeits- und Totenglocken sollen uns noch geläutet werden. Offensichtlich hängt unser Gemüt an jenem uralten Instrument, das jeder spielen kann und jeder versteht.

Instrumente

Musik im Gottesdienst ist wohl so alt wie der Gottesdienst selbst. Das älteste, schönste und kostbarste Instrument stand auch seit jeher im Mittelpunkt – die menschliche Stimme. Der Spieler ist zugleich sein Instrument, er spielt – ähnlich wie beim Tanz – auf und mit seinem Körper, mit sich selbst.

Die Instrumente bereichern die menschliche Stimme, sie erzeugen die Töne künstlich und kunstvoll. Jenes Instrument, in dem die Künstlichkeiten zu einem hochkomplizierten mechanischen Werk entwickelt wurden, gilt seit langem als die Königin der Instrumente: die Orgel. Seit der Barockzeit hat dieses Instrument keine wesentlichen Forschritte mehr gemacht (wenn man von eher technisch verlockenden Irrwegen absieht) – wohl weil es schon damals so gut wie vollendet war.

Daß die Kirche Besitz von diesem Instrument ergriff, hat mehrere Gründe. Zum einen sicherlich, weil die Klangfülle, die Lautstärke und die Zahl der Klangfarben von keinem anderen Instrument erreicht wurden. Dann auch, weil kein anderes Instrument die Möglichkeit bot, mit einem einzigen Spieler auch den stärksten Gemeindegesang zu begleiten. (Erst die moderne Elektronik konnte der Orgel diese Möglichkeit streitig machen.) Dann braucht die Orgel wie kein anderes Instrument den Raum als zweiten Resonanzkörper. (Weshalb in der trockenen Akustik der Konzertsäle oder mancher Kirchen die Orgel nicht recht klingen will. Der Nachhall ist sozusagen ein notwendiger Teil der Klangentwicklung.) Daß viele Menschen Orgelmusik nicht in Konzertsälen, sondern nur in Kirchen hören wollen, hängt nicht nur von der optischen, sondern auch von der akustischen Atmosphäre der Räume ab. (Daß in alten Kirchen oft intuitiv die gute Akustik mitgebaut wurde, ist an manchen zeitgenössischen Kirchen schmerzvoll zu erfahren.) Durch die vielen technisch-musikalischen Möglichkeiten ist die Orgel jedoch auch besonders der Versuchung ausgesetzt, durch Virtuosität, durch plumpe Lautstärke oder durch klangtechnische Spielereien nicht Gott und der Gemeinde, sondern der höheren Ehre des Organisten zu dienen.

Zum guten Orgeldienst gehört daher auch die Demut (= Mut zum Dienen). So ist es eines der schönsten Komplimente für einen Orgelspieler, wenn sein Spiel zum Singen ermuntert und das Gebet und die Meditation fördert.

Weihrauch

Das Riechen scheint in unsrer Sinnlichkeit etwas zu kurz zu kommen. Vor allem das Sehen, aber auch die anderen Sinne dominieren so sehr, daß wir auf den Geruchssinn oft vergessen. Doch unsere Sprache weiß es noch – wenn wir einen Menschen überhaupt nicht mögen, dann „können wir ihn nicht riechen". Unsere Hygienekultur vermiest uns allerdings den natürlichen Geruch eines Körpers und will uns den deodorierten Menschen einreden.

In Zeiten bescheidener Hygiene ließen sich wohlhabende Leute Räucherpfannen mit duftendem Räucherwerk vorantragen, um den Geruch des armen Volkes nicht einatmen zu müssen. In vornehmen Häusern, bei Versammlungen, in Tempeln (aber auch um Seuchen abzuwehren) wurde allerlei gut riechendes Zeug verbrannt. Ausländische und kostbare Harze, Kräuter und Gewürze galten als wohlriechendes Opfer zu Ehren der Götter. (Der seuchenvertreibende Aspekt des Räucherns ist noch heute am Brauch des „Ausräucherns" von Haus und Stall zu Dreikönig erkennbar.)

Im christlichen Gottesdienst hat die Verwendung von Weihrauch zwei Bedeutungen: Als eine Ehre, die ursprünglich nur dem

Einen, dem einzigen Heiligen, also Gott, zukam, heiligt sie alles, was für Gott steht oder seinem Dienst zugeordnet ist: das Lektionar mit den Texten aus der Heiligen Schrift, die Opfergaben am Altar, das Kreuz und den Altar selbst. Die Beräucherung der Priester, der Diakone und der Gemeinde soll andeuten, daß wir als ein königliches und priesterliches Volk geheiligt sind. Direkt und ohne Erklärung verständlich ist das Inzensieren des Allerheiligsten.

Die andere Bedeutung liegt in der sinnlich wahrnehmbaren Bedeutung: Der Weihrauch duftet (hoffentlich) angenehm und steigt empor. So sollen unsere Gebete zu Gott aufsteigen und ihm angenehm sein.

In der nüchternen Reformphase nach dem letzten Konzil ist bei vielen „forschrittlichen" Christen der Weihrauch in Mißkredit geraten. Es wäre schade, wenn wir in unseren Wohnungen Duftkerzen und Räucherstäbchen verbrennen und uns selbst mit allerlei Düften versehen wollten, aber die sinnliche Erfahrung unsrer Gläubigkeit „nicht riechen könnten".

Geheiligte Symbole

Im Begriff des Symbols steckt eine ganze Geschichte: Ein Gegenstand, ein Ring vielleicht oder eine Tafel, wird zerbrochen. Die beiden Teile werden verschiedenen Menschen übergeben. Später wird man am Zusammenfügen (symballein = zusammenfügen) erkennen, wer der rechtmäßige Besitzer des Gegenstandes ist. Das Symbol ist also eine Art Erkennungszeichen.

Die Bibel erzählt uns eine derartige Geschichte: Nach dem Tod Jesu gehen zwei Jünger nach Emmaus (Lk 24, 13–35). Unerkannt geht Jesus ein Stückchen des Weges mit ihnen und schließt ihnen die Schrift auf. Doch erst am Brotbrechen werden sie ihn erkennen. Die Eucharistie ist das Erkennungszeichen.

Damals – in der Antike – hatte das Symbol eine weit gewichtigere Bedeutung als heute. Im Symbol wurde etwas Vergangenes gegenwärtig, es wurde wirksam im Jetzt. Niemand hätte damals gesagt: Ach, das ist ja „nur" symbolisch. (Vielleicht hätte man damals sogar sagen können: In der Eucharistie ist Christus „symbolisch" gegenwärtig.) Heute gilt uns Symbolisches wenig. Schade. Denn wir hätten gerade heute Erkennungszeichen besonders nötig.

Die Grenze zwischen einfachen Zeichen und den Symbolen ist fließend. Auch der Sprachgebrauch ist nicht einheitlich. Zeichen, die mit ihrer Bedeutung zu einer Einheit verwachsen sind, nennen wir meist Symbole. Brot und Wein also, zwei schlichte Dinge des Alltags, sind in der abendländischen und christlichen Überlieferung zu einem den meisten verständlichen Symbol geworden.

Symbole können wachsen und vergehen, sie können ihre Bedeutung ändern, sie können gepflegt oder vernachlässigt werden. Die allzu häufige Verwendung und Zitierung der Symbole muß nicht unbedingt ihre Kenntnis und Wertschätzung einschließen. (Man denke nur an die fast vergessene Sitte, sich bei jeder möglichen und unmöglichen Gelegenheit zu bekreuzigen.) Die Gedankenlosigkeit ist ein arger Feind einer Kultur der Symbole.

Die Kraft der Symbole, etwas gegenwärtig zu setzen, verleitet manche dazu, sie magisch zu verstehen, als wären sie ein Zauber, mit dessen Anwendung sich Gott in unsere Hände gibt. Doch gerade das verfälscht und zerstört die Wirkkraft der Symbole.

Kreuz

Das Kreuz war seit jeher ein Zeichen des Widerspruchs. Schon zur Apostelzeit (1 Kor 1, 18–31) war es für viele Menschen unvorstellbar, an einen Hingerichteten zu glauben und vom Zeichen des Galgens Heil zu erwarten.

Doch die Geschichte dieses Zeichens ist älter als unsere Zeitrechnung. Ein Mensch mit ausgebreiteten Armen, ein Baum, der Lebensbaum, das Sonnenrad u. a. m. stehen in der Geschichte dieses uralten Symbols. Allein die zwei einander kreuzenden Linien versuchen den Bezug nach oben (zu Gott, Transzendenz) mit der Beziehung im Waagrechten (zur Welt, zum Menschen, Immanenz) zu verbinden. Und tatsächlich versucht das Christentum die Wege zu Gott und zu den Menschen miteinander zu verknüpfen. Das eine schließt das andere nicht aus. Gottes- und Nächstenliebe sind nicht Konkurrenten, sondern sie bedingen einander. „Was ihr für einen meiner geringsten Brüder getan habt, das habt ihr mir angetan" (Mt 25, 40).

Die Darstellung des Kreuzes mit dem Gekreuzigten kam erst spät auf. Die Scheu vor dem schrecklichen Ereignis war wohl sehr stark. Zuerst wurde Jesus am Kreuz als König und Herrscher dargestellt. Erst in der Gotik wagte man es, den leidenden Jesus am Kreuz zu zeigen. Aus der symbolischen Darstellung wurde eine realistische, aus dem Bild zur Verehrung wurde ein Meditationsbild.

Leider ist später das Kreuz vielfach zum Ornament verkommen. Auf maschinell hergestellten Zierbändern säumte es liturgische Gewänder, vor der Liturgiereform hatten sich Gläubige und Priester während der Messe immer wieder zu bekreuzigen, die Segenskreuze über Kelch, Hostie, Wein und Wasser zu zählen, wäre nicht leicht gefallen. In der erneuerten Liturgie geht man mit diesem Zeichen sparsamer – und hoffentlich auch bewußter – um. Das Kreuz sollte jedem Christen etwas Kostbares sein.

Der Widerspruch zum Kreuz wird jedoch nicht erlöschen. Steckt doch der stärkste Widerspruch schon darin, daß aus dem Zeichen der Niederlage des hingerichteten Jesus von Nazaret ein Siegeszeichen geworden ist. Ein Zeichen der Hoffnung für alle, die sich mit den Spielregeln dieser Welt nicht abfinden wollen, sondern auf die subversive Kraft des Kreuzes vertrauen.

Kerze

Inmitten der unzähligen toten Lichter unsrer Welt, inmitten der Glühlampen, Scheinwerfer und Leuchtstoffröhren haben wir wieder gelernt, lebendiges Licht zu schätzen. Es gibt Menschen, die stundenlang ins flackernde Feuer eines offenen Kamins schauen können oder eine Kerze anzünden, wenn sie allein zu Hause sind. Sie wollen Lebendiges um sich haben, um die Einsamkeit zu vertreiben. So nüchtern unser Alltag oft zu sein scheint – wir holen uns doch immer wieder gefühlsstarke Zeichen ins Leben herein. Etwa eine Kerze.

Als Opfer- und Totenkerze hat sie eine lange, auch vorchristliche Geschichte. Erst um die Jahrhundertwende begann man sie auf den Altar zu stellen. Und dort blieb sie, auch wenn ihre natürliche Aufgabe, Licht zu spenden, nur noch selten nötig ist.

An den Höhepunkten des Kirchenjahres, aber auch zu den wichtigen Einschnitten im Christenleben spielt die Kerze eine wesentliche Rolle im Gottesdienst: zu Ostern und Weihnachten, bei Taufe und Erstkommunion. Hier wird daran erinnert, daß Christus das Licht der Welt ist und daß wir Christen für die anderen Licht und Leuchte sein sollen. Wenn in der Osternacht in die dunkle

Kirche das Licht der Osterkerze getragen wird, an dem alle ihre mitgebrachten Kerzen entzünden, dann kann man spüren, was damit gemeint ist, daß der Priester (oder Diakon) dreimal, jeweils um einen Ton höher, singt: „Christus, das Licht".

Kerzenopfer und Lichtprozessionen sind am Fest der Darstellung des Herrn (= Maria Lichtmeß, 2. Februar) alter Brauch. Dabei wird die Kerze in ihrer Bedeutung als Opfer verwendet, zugleich aber als Hinweis auf Jesus, das „Licht, das die Heiden erleuchtet" (Lk 2, 32).

Die tiefste Bedeutung des Kerzenlichtes liegt wohl darin, daß dieses Licht leuchtet, indem es sich verbraucht. Leben und lieben kann nur, wer sich herschenkt. Wer sich behalten will, kann nicht lieben. Das Beispiel und das Wort Jesu lehren uns das. Um es in Abwandlung eines Schriftwortes (Mt 10, 39) zu sagen: Wenn die Kerze ihr Wachs für sich behalten will, wird sie erlöschen. Wenn sie es aber hergibt, wird sie leuchten. Und das ist ihr Sinn.

Feuer

Meist kommt das Feuer im Gottesdienst nur in gebändigter Form vor: als Kerze, als Glut für den Weihrauch, als Öllampe für das ewige Licht. Als frei flackerndes Feuer errichten wir es nur in der Osternacht. (Und da oft nur klein und in Abwesenheit der Gemeinde, die in der Kirche auf die Osterkerze wartet.) Dabei gehört das Feuer zu den Urgewalten. Und wenn man an das Erdinnere und an die Macht der Sonne denkt, dann wird auch ein mächtiges Osterfeuer zur kleinen und gezähmten Flamme.

Die heute fast vergessene Vorstellung von den vier Elementen zeigt in geradezu moderner Weise, was die Bedingungen für unser Leben sind: Luft – um atmen zu können, Wasser – das Wachstum und Leben schenkt, Erde – damit etwas wächst und uns nährt, Feuer – um uns Energie zu spenden. Bei vergifteter Luft, verseuchtem Wasser, zubetonierter Erde und mangelnder Energie wird uns klar, worauf wir angewiesen sind.

Das Feuer dient uns Menschen in dreifacher Aufgabe: es leuchtet, es wärmt und es reinigt. Die Bedeutung der Leuchtkraft wird einem jeden sofort bewußt, wenn er sich ein Leben in vollkommener Dunkelheit vorstellt – also letztlich in Blindheit. Das Licht ist es, das uns sehend macht. Die wärmende Kraft des Feuers wird uns am ehesten im Winter bewußt. Früheren Kulturen war der winterliche Kältetod (mit Vitaminmangel und hoher Sterblichkeit) ein jährlich wiederkehrendes Schreckgespenst. Weihnachten als Fest zur Wintersonnenwende hatte in dieser Erfahrung seinen Sitz im Leben der damaligen Zeit. Die reinigende Kraft des Feuers ist uns weitgehend aus dem Bewußtsein entschwunden. Metalle und andere vermischte Substanzen konnte man mit dem Feuer reinigen.

Menschen der vorwissenschaftlichen Zeit haben die elementare Symbolik des Feuers sicher noch unmittelbar gespürt. Deshalb versammelten sie sich gern in der Nacht und spürten mit wahrscheinlich aufregender Direktheit den Kontrast von Licht und Finsternis, von Kälte und Wärme. Der routinierte Christ von heute jammert bestenfalls über die schlecht funktionierende Kirchenheizung und muß sich vom (über die steigenden Energiepreise jammernden) Pfarrer die Symbolik des Feuers erklären lassen.

Wasser

Eine Quelle schenkt nicht nur lebenspendendes Wasser, sondern auch lebendiges. „Totes Wasser“ – ein uns unbekannter Begriff – ist dem Orientalen das abgestandene, brackige, vielleicht verseuchte Wasser der Tümpel oder schlechter, fast leerer Zisternen. Von einer Quelle, deren lebendiges Wasser ewiges Leben schenkt, spricht Jesus am Jakobsbrunnen (Joh 4, 10–14).

Doch schenkt das Wasser nicht nur Leben – es bedroht es auch. Ähnlich dem Feuer ist auch das Wasser mit dieser Zwiespältigkeit behaftet: Wir brauchen es, aber es kann uns auch vernichten. In einer Schlüsselgeschichte des Alten Testaments wird diese doppelte Bedeutung des Wassers dramatisch geschildert: Dasselbe Wasser rettet die Israeliten beim Durchzug durch das Rote Meer, vernichtet aber die sie verfolgenden Ägypter. Die Osternacht, in der sowohl das Feuer als auch das Wasser Hauptrollen spielen, läßt diese alte Geschichte zu Wort kommen. Und dort, wo nach altem Brauch in ebendieser Nacht die Taufe gespendet wird, erfahren die Gläubigen die symbolstarke Bedeutung des Wassers, „das ewiges Leben schenkt“. Das Besprengen der Gemeinde mit Weihwasser, das Kreuzzeichen mit Weihwasser beim Betreten und Verlassen der Kirche, die Verwendung des Weihwassers daheim – all das will an die Taufe erinnern.

Die andere Bedeutung des Wassers – als Mittel zum Abwaschen – war wohl vom Anfang an bei der Taufe mitgedacht (1 Kor 6, 11). Da ja ursprünglich Erwachsene getauft wurden, war mit dem Sakrament die Abkehr vom Bösen und dessen Vergebung mitgemeint. In der heutigen Kindertaufe geht es aber nicht so sehr um die Vergebung von Schuld, sondern um die Wiedergeburt (Tit 3, 5), um das neugeschenkte Leben. (Die kindertümliche Äußerung, daß in der Taufe die „Sünden abgewaschen werden“, ist also zumindest irreführend.)

Eine Änderung in der kirchlichen Praxis aus jüngerer Zeit trägt dem Rechnung, daß bei der Taufe auch wirklich lebendiges Wasser verwendet werden sollte. Nun wird nicht mehr das in der Osternacht gesegnete Taufwasser ein ganzes Jahr lang für den Gebrauch aufbewahrt, sondern am Beginn jeder einzelnen Taufhandlung wird frisches Wasser gesegnet und dann verwendet.

Fahne

Die Kirchenfahne ist ein heute wenig beachtetes Symbol, obwohl sie schon seit der Jahrtausendwende – vor allem bei Prozessionen – in Gebrauch ist. Die eigenartige Form hat sich aus dem Vortragskreuz entwickelt, als man unterhalb des Kreuzes an einer Querstange ein Ziertuch befestigte. Die prunkvolle Ausgestaltung dieses Tuches bis hin zum Gemälde ließ allmählich das Kreuz weniger wichtig erscheinen. Die demonstrative Verwendung der Fahnen bei öffentlichen Veranstaltungen außerhalb des Kirchenraumes brachte die Fahne als triumphalistisches Symbol in Mißkredit. Und tatsächlich sollten die gottesdienstlichen Symbole und Geräte nichts sein, womit man vor den anderen auftrumpft.

Dem Gedanken über den Triumphalismus sollte trotzdem nachgegangen werden. Denn tatsächlich ist das Kreuz ein Siegeszeichen, ein Zeichen des Triumphes über Sünde und Tod. Darf man diesem Triumph Ausdruck verleihen oder nicht?

Das Gefährliche an triumphalistischen Symbolen ist nicht ihre innere Bedeutung, sondern ihre äußere Anwendung. Daß in Tod und Auferweckung Jesu Sünde und Tod besiegt sind, sollte dem Christen Anlaß zur

Freude sein, nicht Anlaß zum Triumph. Und schon gar nicht Anlaß zum Triumph über Andersdenkende. Im Namen des Kreuzes Kriege zu führen und Siege zu erringen, sollte heutzutage keinem Christen mehr als Auftrag Jesu erscheinen. Insofern ist die Kirchenfahne ein guter Anlaß, über unser Christsein nachzudenken.

In der Legende um Kaiser Konstantin (4. Jahrhundert) wird erzählt, er habe am Vorabend der Schlacht bei der Milvischen Brücke im Traum das Zeichen des Kreuzes mit der Verheißung geschaut: „In diesem Zeichen wirst du siegen!" Diese Legende um den Durchbruch des Christentums zu öffentlicher Anerkennung erzählt in den Versatzstücken der damaligen kriegerischen politischen Welt, wie das Kreuz seinen äußeren Siegeszug angetreten hat. Damit hat das Kreuz als religiöses Siegeszeichen seine Unschuld verloren. Es wurde zum politischen Siegeszeichen. Die Kirchenfahnen erinnern uns – schmerzlich – daran. Wir sollten diese Fahnen deshalb nicht gleich im Depot stehenlassen, aber wir sollten sie bewußt und selbstkritisch tragen. Als Siegeszeichen Christi und nicht als Zeichen unseres Triumphes.

Zum Bild gibt es in der biblischen und christlichen Tradition sehr unterschiedliche Stellungnahmen. Das reicht vom Bilderverbot des Alten Testaments (Ex 20, 4) bis zur ostkirchlichen Überlieferung, wonach dem Bild (der Ikone) ähnliche Ehre zukäme wie der Bibel. Während im ersten Beispiel die Anbetung der Bilder als Götzendienst verhindert werden soll (weshalb dieses Verbot im Christentum fiel, sobald diese Gefahr nicht mehr bestand), soll im zweiten Beispiel deutlich gemacht werden, daß ein Bild nur mit anderen Mitteln vom selben Gegenstand redet: „Was die Rede aus Silben verkündet, dasselbe verkündet und empfiehlt die in Farben geschriebene" (870, 4. Konzil von Konstantinopel). Bemerkenswert, daß die Kunst nach solchen Anschauungen der rationalen Rede um nichts nachsteht, wenn es gilt, die Botschaft Jesu zu verkünden. Es ist verständlich, daß daher der Akt des Malens einer Ikone als religiöses und gottesdienstliches Tun verstanden wurde, das genauen Regeln zu gehorchen hatte.

Der Streit um die Erlaubtheit von Bildern brach immer wieder auf, sowohl in der Ostkirche als auch im Gefolge der Reformation bei uns. Zuletzt gab es wohl keine prinzipiellen Auseinandersetzungen mehr, doch hat die neuere Kirchenarchitektur zu einer recht sparsamen Verwendung der Bilder geführt. Daß nach den oft recht flachen Bildwerken des Historismus im vorigen Jahrhundert eine allgemeine Skepsis gegenüber dem religiösen Bild einsetzte, ist wohl verständlich. Auch die Schwierigkeiten der heutigen Kunst, sich in einer auch einfachen Leuten verständlichen Bildersprache auszudrücken, mag dazu geführt haben. Trotzdem spüren wir in einer Zeit der Überschwemmung mit visuellen Reizen, daß uns die Sprache des Bildes gerade im religiösen Bereich mitunter schmerzlich fehlt.

Die Anhänglichkeit einfacher Gläubiger an alte, nicht immer künstlerisch bedeutende Bildwerke sollte uns zu denken geben. Wir brauchen die Imagination. Man könnte dieses Fremdwort mit „Einbildung" (imago = Bild) übersetzen und bedenken, daß die Menschen geradezu notwendig platten Einbildungen auf den Leim gehen, wenn wir nicht jene dichte und aussagekräftige Imagination zustande bringen, der es gelingt, das Unsagbare zu sagen. Wenn auch in der Sprache der Bilder. Wo die rationale Sprache ihre Aussagekraft verliert und verstummen muß, mögen die Bilder reden.

Die Sprache der Zeichen

Die Geschichte des christlichen Gottesdienstes ist die Geschichte eines vielgestaltigen Organismus: Es gab Zeiten des Entstehens, des Wachsens, der Veränderung – aber auch Zeiten der Krise, der Beschneidung, fast der Erstarrung. Die Phase der katholischen Liturgie vor dem Zweiten Vatikanischen Konzil war durch Jahrhunderte ohne wesentliche Veränderungen ausgekommen. Fast schien es, als wäre aus dem ehemals lebendigen Organismus jedes Leben gewichen, als wären die Kirchen zu Liturgiemuseen geworden, in denen man Kult und Riten vergangener Zeiten zur Verehrung und zum Bestaunen vorführte. In manchen Menschen löste das vielleicht einen heiligen Schauer aus, in anderen eher Langeweile. Der liturgische Aufbruch um die Mitte unseres Jahrhunderts war dennoch ein Lebenszeichen einer von manchen totgeglaubten Liturgie. Und in gewisser Weise war das Konzil selbst ein Wiedererwachen. Mit Überraschung stellte der von der Uniformität und Unabänderlichkeit der kirchlichen Rituale überzeugte Katholik fest: Die Liturgie lebt.

Jedes Leben ist Veränderung. Heute – zwei Jahrzehnte danach – zeigt eine Bilanz dieser

Veränderung manch erfreuliches, aber auch manch bedenkliches Ergebnis. Wir freuen uns über die wiedergewonnene Muttersprache, über den der Gemeinde zugewandten Altar, über die größere Verständlichkeit der Texte und Riten, über die aktive Teilnahme der Gemeinde und ähnliches. Andrerseits fiel nach einer Zeit der Eingewöhnung vielen Mitfeiernden auf, daß sich eine neue Routine breitmachte, daß die allgemeine Verständlichkeit dazu führt, jedes Geheimnis in Wissen aufzulösen, daß die Aktivität der Gemeinde kaum Stille und Besinnung aufkommen ließ.

Als dann nicht nur starre Traditionalisten nach der alten lateinischen Messe riefen, weil im letztlich doch verstandenen Latein wenigstens noch ein Rest des Mysteriums spürbar war, merkten manche Hellhörige, daß die Liturgiereform denn doch nicht der Schlußpunkt einer letzten Entwicklung gewesen war. Ein neues Nachdenken über das Wesen und die Gestalt des Gottesdienstes ist angebracht.

Was die „Kultur des Kultes" betrifft, war die Liturgiereform nach dem letzten Konzil eine „Kulturrevolution". Eine notwendige, eine tatkräftige und zielbewußte. (Und jene, die das Revolutionäre dieser Zeit spürten, begrüßten oder verurteilten, dürften wohl recht gehabt haben: Es war keine sanfte Anpassung, sondern eine fundamentale Neuerung – wenn auch nach den Prinzipien der frühchristlichen Liturgie.) Wie alle Kulturrevolutionen blieb auch diese nicht verschont, Einseitigkeiten, Überbetonungen und Vernachlässigungen hinnehmen zu müssen.

Zu einer dieser Einseitigkeiten nimmt dieses Buch Stellung: zur Überbetonung der sprachlichen Seite und zur Vernachlässigung der symbolischen Seite des Gottesdienstes. In der Liturgie geht es letztlich um den Zusammenklang von Sprache und Zeichen. Die Sprache sagt etwas – die Zeichen zeigen es. Wo die Sprache mit ihren Möglichkeiten am Ende ist, beginnen die Zeichen zu reden. Wo die Zeichen zu Wort kommen, kann die Sprache verstummen.

Es ist zu befürchten, daß in unsrer heutigen Liturgie das Gleichgewicht von Sprache und Zeichen gestört ist. Unsere Liturgie versucht, vieles zu sagen, sie kann aber nur weniges zeigen. Eine – auch durch die Einführung der Muttersprache – wortreich gewordene Sprache hat die Zeichen weitgehend vertrieben oder ihrer Kraft beraubt. Die rationale Sucht, alles zu sagen, gebärdet sich so, als ließe sich alles sagen. Und da bleibt nichts mehr zu zeigen. Doch inmitten wortreicher (und oft auch aktionsreicher) Gottesdienste bleiben wir oft kalt und wenig berührt, weil wir spüren, daß sich das Wesentliche nicht sagen läßt. Die überbelastete, abgenützte und verbrauchte Sprache unsrer Gottesdienste macht es schmerzlich bewußt: Aus der fremdsprachigen, zeichenstarken und eindringlichen Liturgie früherer Jahrhunderte wurde eine kalt-rationale Wortliturgie in abgegriffenen Formeln der Muttersprache.

Eines wird oft übersehen: Die lateinische Sprache wurde wohl im Detail nicht verstanden, jedoch vielfach in dem, woraufhin sie verweisen wollte. So wurde die Sprache selbst zum Symbol. Und gerade weil man sie im Wortlaut kaum verstand, war sie nicht dem Verschleiß der täglich verwendeten Muttersprache ausgesetzt. Erst die Übersetzung machte aus dem (präsentativen) Symbol der Liturgiesprache unsere Verbalsprache (ein diskursives Symbol). Die Bewältigung der Landessprache im Gottesdienst scheint noch wenig gelungen zu sein. Über die Sprache des Gebetes, der Predigt, aber auch über das Schweigen im Gottesdienst wäre noch viel zu sagen ...

Als die liturgische Bewegung unseres Jahrhunderts jenes neue Gottesdienstverständnis schuf, das später zu den Reformen des Konzils führen sollte, ging es ihr um zwei Anliegen: die Sprache der Liturgie aus dem Lateinischen zu übersetzen (in den Schott-Meßbüchern) und die heiligen Zeichen zu deuten. Die Übersetzung der Fremdsprache Latein ist nicht mehr notwendig (wohl aber manchmal die der Fremdsprache Deutsch). Weithin unübersetzt bleibt die Sprache der Zeichen, der Symbole – nicht nur in der Liturgie, sondern auch in alten, vor allem biblischen Texten.

Erich Fromm – also kein christlicher oder gar kirchlicher Autor – sagt das so: „Ich halte die Symbolsprache für die einzige Fremdsprache, die jeder von uns lernen sollte. Wenn wir sie verstehen, kommen wir mit dem Mythos in Berührung, der eine der bedeutsamsten Quellen der Weisheit ist. Tatsächlich verhilft sie uns zum Verständnis einer Erfahrungsebene, die deshalb spezifisch menschlich ist, weil sie nach Inhalt und Stil der ganzen Menschheit gemeinsam ist."

Es war wohl ein historischer Irrtum des Katholizismus, die lateinische Sprache für das die ganze Menschheit verbindende Symbol zu halten – wo es doch bestenfalls die Katholiken verbindet und nicht einmal die Christen verschiedener Konfessionen. Die tatsächlich alle Menschen verbindende Sprache der Zeichen und Symbole ist es wert, wiederbelebt zu werden.

Wenn es manchem Leser gelingt, die Sprache der Zeichen und Symbole im Gottesdienst (und darüber hinaus) wieder zu verstehen, ja vielleicht aus einer Fremdsprache zur eigenen Sprache zu machen, dann wurde dieses Buch nicht vergeblich geschrieben.

Ich danke Dr. Hans Hollerweger, Professor der Sakramententheologie und Liturgiewissenschaft an der Katholisch-Theologischen Hochschule Linz, für die freundschaftliche und fachliche Beratung.

Bücher von Peter Paul Kaspar

ZUWENDUNG

6. Auflage 1984

Ein Weg, Kommunikation, Partnerschaft und Sexualität zu lernen

134 Seiten, Paperback (1979)

„Aus seiner reichen Erfahrung im Umgang mit jungen Menschen nimmt der Autor zu Fragen Stellung, die diese immer wieder beschäftigen, weil sie an den Kern des Lebens, seinen Sinngehalt heranführen, Glück und Enttäuschung miteinschließen. Es sind alles Gedanken zu dem Thema Begegnung mit dem anderen in den verschiedenen Facetten der Hinwendung, vor allem aber Anregungen und Hilfestellungen, sie konkret zu verwirklichen. Bewußt einfache Formulierung erschließt diese Informationen, Orientierungen und Übungen einem breiten Leserkreis."

(aus: Neuer Bücherdienst)

ZÄRTLICHKEIT UND TROST

Leidensfähigkeit und Liebesfähigkeit

96 Seiten, Paperback (1983)

„Es gibt Bücher, die lassen aufhorchen, weil man eigentlich längst auf sie wartete. Dieses schmale, aber bedeutsame Bändchen gehört dazu. Selten hat man bei einem Buch das Gefühl und die Sicherheit, jedes Wort nachvollziehen und unterstreichen zu können. Jeder von uns ist trostbedürftig, vielleicht auch trostfähig. Die Grundhaltung, die uns zu Trost befähigt, ist die Zärtlichkeit. So kann man den Titel ‚Zärtlichkeit und Trost' umändern in ‚Zärtlichkeit ist Trost, und Trost ist Zärtlichkeit' (S. 43)."

(aus: Ferment)

DU HÖRST MICH AN

Meditationen und Gebete

96 Seiten, Paperback

„ ‚Du hörst mich an' – unter diesem Titel legt Peter Paul Kaspar eine Reihe von Gebeten und Meditationen vor, die im letzten Jahrzehnt entstanden sind. Thematisch vielfältig – vom Abendgebet bis zum Kreuzweg, vom Brautsegen bis zum Gebet für einen Verstorbenen – wird hier in ansprechender Weise und mit einer zeitgemäßen Sprache Glaube vermittelt, der auf einen Dialog aus ist."

(aus: Die Furche)

bei Herder Wien

Bücher von Peter Paul Kaspar

DIE UHREN LÜGEN

Von der Gelassenheit im Umgang mit der Zeit

94 Seiten, Paperback (1984)

Die Zeit, die vor uns liegt, ist der Rest des Lebens – die uns vom Tod noch gelassene Zeit. Ingeborg Bachmann nennt sie die „Gestundete Zeit". Wie gehen wir mit dieser unserer Lebenszeit, dem Rohmaterial unseres Lebens, um?
Dieser Frage geht der Autor in dem schmalen Bändchen nach. Er gliedert seine Gedanken in drei Teile:

1. Wir haben ein sehr vordergründiges Verhältnis zur Zeit, richten uns nach der „Uhr" und übersehen, daß es sich um eine höchst individuelle, „gestundete Zeit" handelt.
2. Wer nach dem Sinn fragt, trachtet gelassen nach „erfüllter Zeit", gewinnt ein neues Verhältnis zum Tod und damit auch wieder zum Leben.
3. Wer sich von seiner Sehnsucht nach Unvergänglichkeit leiten läßt, durchschaut, daß sein Leben „geschenkte Zeit" ist, Aufgabe und Chance, sich auf die Ewigkeit einzustellen.

KLEINES RELIGIÖSES WÖRTERBUCH

Was uns glauben läßt

Beiträge von S. Heine, G. Hierzenberger, P. P. Kaspar, P. Pawlowsky

352 Seiten, Pappband (1984)

Dieses Buch ist kein Wörterbuch im herkömmlichen Sinn, sondern eine alphabetisch gereihte Sammlung von Beiträgen zu den wichtigsten religiösen Themen. Jeder Autor formuliert aus seiner persönlichen Betroffenheit heraus, versucht in einer vortheologischen, eher literarisch, daher allgemeinverständlich gehaltenen Sprache die religiösen Inhalte zu verdeutlichen.
Wer in diesem Buch liest, soll sich nie festgelegt, sondern zum Mit- und Weiterdenken eingeladen fühlen.

bei Herder Wien